コミュ障で損しない方法38

ニッポン放送アナウンサー
吉田尚記

JN173367

日本文芸社

すべての悩みは
コミュニケーションの悩み

「悩みとは、すべて人間関係の悩みである」と考える心理学があります。

●●●

確かに、異性の悩みも、仕事の悩みも、間違いなく人間関係の悩みです。もし、お金がないのが悩みだったとしても、それはお金という紙とか金属を持っていないこと自体が悩みなんじゃなくて、フェアに人に物事を頼んだり、商品やサービスを受け取ったりできないことがその悩みの本質ですよね。

●●●

そして、人間関係の悩みとは、すべて、コミュニケーションの悩みです。友達や恋人がいないことや関係が上手くいかないことは、コミュニケーションがとれない悩みでしょうし、周りの人と和やかに過ごせる職場や学校を求めるのも、いいコミュニケーション、いい周囲とのやり取りを求

めているわけですよね。もし、あなたがどんなに裕福で有名だったとしても、心置きなくコミュニケーションがとれる人がいなかったら、そこで、にこにこ笑っていられるとは思えません。

● ● ●

この本のタイトルは、「コミュ障で損しない方法」です。コミュニケーションの問題にストレスを感じやすい人たちは、日常生活の中でなんとなく納得できない思いを感じているんじゃないでしょうか。実害まで行かなくても、自分の人生の可能性を活かせているかどうか、じんわりした不安を抱えていませんか？　その気持ちは、コミュニケーションの問題を避けて通っている証拠かもしれません。

● ● ●

人間生活をしていれば、ほぼ確実に毎日しなくてはならないのが、コミュニケーションです。「今日も苦手な人に

会わなくちゃいけないなぁ」というストレスとか、「慣れた人とは会話できるけど、初めての人は苦手…！」という気持ち。いいよもう、新たな人とはなるべく関わらないで生きようと思っても、初対面の人とコミュニケーションする可能性は、人生最期の日まであるわけです。そこに向き合わないから、不安なんですよね。

●●●

　私は、ラジオ局のアナウンサーです。正直、初めての人と会うとき、いまでも気持ちのどこかで嫌だなぁ、と感じているコミュ障の一人です。仕事を始めた頃、コミュニケーションが下手すぎて、いろんな人に迷惑をかけてきました。毎日初めての人と会って会話をしなくてはならない仕事で、失敗するたびに周囲からいろんなことを言われながら 20 年、放送でさまざまな方のお相手をさせていただきました。その中で言われた、「心を開け」「聞き上手にな

れ」「キャラが面白くない」などなどのコミュニケーションについての無理難題に、どうすればいいんだー、と悩み続け、そうか、ああ言われたことはこういうことだったのか！　と発見し続けてきました。

　なので、この本では具体的でないことは何一つ言いません。どこから読んでも大丈夫なようになっているはず。1章は、コミュニケーションや会話についての考え方みたいなものが書いてあって、人によっては1章を読んで元気を出してくれる方もいると思います。が、「面倒だな」と思ったら、本を閉じた瞬間に具体的に実行に移せることが書いてある、2章目以降からどうぞ。では、スタートです！

コミュ障で
損しない **方法38**

contents

chapter **02**

会話という**カードゲーム**

chapter *03*

質問は会話のトリガー

chapter *06*

会話に大切なのは勇気

chapter 01

プロゲーマーってハンパない仕事だぜ!!

「コミュ障」って、なんだ？

「コミュ障」と「コミュニケーション障害」の違い

　「コミュ障」って、何でしょうか？

　「コミュニケーション障害」の略であることは想像できると思いますが、医学的な理由でコミュニケーションをとれない、という深刻な場合を指して言うものとは違い、慣れない人と会うときに緊張してしまう、うまくしゃべれる自信がない、そんな気持ちを抱えた人のことを「コミュ障」と言っている場合が多いと思います。もう一つ特徴的なのが、コミュニケーション手段は世の中にいっぱいありますが、手紙を書くとき、もしくはメールやメッセンジャーでのやり取りをするときに「コミュ障」であるかどうかが意識されることは少ないです。人と「会話」をするときに、「あー、自分ってコミュ障だよなぁ」と意識することが多くありませんか？　そういう意味で、私もコミュ障の一人です。

　でも、この言葉って、ちょっとおかしいなぁ、とずーっと思っていました。例えば、「料理障害」とは言わない。他にも、水泳障害、自転車障害、なんてこと、言いませんよね。でも、もし歩けない状況だった場合、それを「歩行障害」ということがありえます。どうも、「練習しなくてもできること」ができなかったときに、障害、という言葉を使うんだと思います。だから、「コミュニケーション障害」、ひいては「コミュ障」という言葉があるということは、私たちは、「コミュニケーションって簡単に出きて当たり前」と思っているみたいなのですが、本当にそうでしょうか？　この本を手に取ってもらってるってことは、多分お分かりだと思いますが、コミュニケーションって、絶対、簡単じゃないですよね。

コミュニケーションは難しい、練習して当然！

　だから、コミュニケーションは本来練習していいはずです。でも、水泳や絵の天才がいるように、一部コミュニケーションの天才もいらっしゃいます。例えばテレビでは、芸人さんやタレントさんが毎日画面で華麗なコミュニケーションを見せていますが、ああいう方々は、もちろんですけどめちゃくちゃ上手い人、いわばコミュニケーションの日本代表レベル

の人達だから、すごい視聴率の番組などに出ているわけですよね。そんな方々は、豪速球を投げているとか、一瞬で人を魅了する歌唱力があるとか、すぐに分かる特長があるわけではありません。だから一見、自分たちとそんなに遠い存在でない気がしてしまい、ああできなきゃいけないんだ、自分にはできない、ああ、私ってコミュ障なんだな、と思っちゃうかもしれませんが、芸人さんやタレントさんも、中には天才もいらっしゃるでしょうけど、意識して、いわば練習して上手くなっているのが普通です。

　だから、コミュニケーションって、練習して当然なんですよ。でも、コミュニケーションが練習が必要、って、コミュニケーションが上手い人も下手な人も、あんまり思っていない。だから、練習すれば改善できる！　と知ることが、コミュニケーション上達の第一歩なんじゃないでしょうか。

何気ない会話ができない！

　もう一つ、コミュ障の人間の特徴として、「目的のある会話はなんとかできるけど、何気ない会話が難しい」んです。人との会話ができない、と言っても、役所に行って戸籍に関する手続きをしてきてください、とか、仕事の手順を先輩に確

認したり、とか、場合によっては○○について討論してくれ、ってことまでできるんですが、例えばちょっとした立食パーティみたいなところで、偶然同じテーブルについた人たちと、何か和やかな、親しげなやり取りをする、ということこそが、できないんです。まさに私もそうなのですが、何気ない会話が、一番難しい。何を取り上げたら「何気なく」なるのか、自分が判断して話を進めなくちゃいけないんですが、決めていいのかどうか、自信がない。そんな気持ちになると思います。

そんなときに、周囲から言われるのが「もっと自信を持て！」という言葉だったりします。でも、自信って、自分で意識して持つことって、できますか？　何度かチャレンジして初めて自然に出てくるものが、「自信」であって、自分で意識的に、「よし！今日は自信を持とう！」って決められる人は、はじめから自信、ある人ですよね。コミュ障って、われながら面倒なメンタルの持ち主だな、と思います。

「初対面の人がコワい」

あなたは、初対面の人にいきなり殴られたことって、ありますか？　正直、そんな体験をしたことがある人は、ほとんどいないと思います。さすがにそれはないとしても、初対面の人に

理由なくいきなり罵倒されたことがある、という人もそんなにはいないですよね？　だから、初対面の人に、「なんか嫌だなぁ」「プレッシャーだなぁ」と感じる必要はまるで無いはずなんです。でも、なぜか初対面の人は、コワイ。緊張します。

　よく仕事をご一緒させていただいているアーティストの方の話です。その方は関西人で人当たりがよくて、歌がすごく上手い上に話すことは全部面白い、そんなある意味最強のタレントさんなのですが、ある年、ふだんニッポン放送に出演してくれているアーティストさんたちが大量に集まるイベントがありました。その日が初顔合わせというケースも意外と多かった。そのとき、私は司会としてその場にいたのですが、あるときふと気づくと、ステージの脇の方で、そのアーティストさんが、サングラスをかけてひとりでムスッとしていたんです。顔なじみの私が、不思議に思って「どうしたんですか？」と聞くと、意外なことに「人がね、コワーイの」とちょっとおどけた口調の答えが返ってきました。カッコいいキメキメのアーティストが言うセリフではないと思うのですが、「これほどの人物でも人がコワく感じるんだな」と親近感を覚えました。彼は、サングラスをかけて、なるべく初対面の人と目を合わせないようにしていたんです。その人のことを尊敬

していない、大事に思ってない人はその場にはいなかったですし、ご本人もきっと、それは分かっていたはず。でも、何か気持ちの抵抗を感じる。どんな立場の人が持っても不思議がないのが、コミュ障っぽい気持ちなんですよね。

そして、ちょっと違う話なんですけど、このエピソードにはひとつ、コミュニケーションの特徴が出ています。この弱点が見えたとき、この方がとってもかわいく、チャーミングに見えたんですよね。あんな大スターなんだけど、我々と同じような側面を持ってもいるんだ、と感じた瞬間、深い親近感を感じました。だから、弱点がプラスに変わることって、コミュニケーションでは珍しくない…！ そんなコミュニケーションの面白さについて、この本ではじっくり話していきたいと思います。

SUMMARY
まとめ

「コミュ障」と「コミュニケーション障害」は違う！

コミュニケーションは難しい、練習して当然！

すごい人でもコミュ障ってことはある

02

コミュニケーションを「ゲーム」と捉えてみる

コミュニケーションゲームとしての会話

コミュ障を自認するなら、この一週間くらいでも、一度は「会話に困った」ことは必ずあると思います。　エレベーターとかタクシーとか、一緒に乗った人と沈黙が続いてなんだかプレッシャーを感じてしまったり。会社に慣れなかった入社したばかりの頃、エレベーターのあの密室感が嫌で、わざわざ階段を使って移動したりしてたこともあったくらいです。

友達とは一日一緒にいても一瞬で時間が過ぎるのに、上司と一緒のエレベーターだと、たった2フロア上がる5秒すら非常につらく感じてしまう。あー、これって、試合時間が過ぎるのを待っている、ゲームセットの笛が吹かれるのを待っているスポーツ選手みたいな気持ちだな、と感じたときに、ふと、「あ、コミュニケーションも、ゲームみ

たいなものじゃないか？」と思ったんです。

　会話をゲームだと考えてみると、どんな特徴があるゲームでしょうか？　会話の目的が何か、と考えたとき、あれ、ひょっとして会話は、面白いことを言ったり、自分の主張が通ることが目的のゲームではないのかもしれない、野球がホームランを打つためのゲームではなく、相手チームよりも一点でも多く取ることが本当の目的であるように、会話にも別の目的がある、と思ったんです。

　どうも、会話というゲームの本当の目的は、気まずさを駆逐(くちく)する、ってことにあるんじゃないかと思ったんです。まず、プレイヤーは、会話の参加者。そして、それは一緒にいる人たちとの対戦プレーではなく、その場にいる人たちみんなの協力プレー。その場にいる人たち全員で、放っておくと訪れてしまう「気まずさ」を協力プレーで遠ざける、そういうゲームだと考えることができるな、ということに気が付きました。

相手と協力して「気まずさ」をやっつける

　友達とはいえないような人、初対面の人でも、単なる知人でも、そういう人と黙って一緒にいると、「気まずさ」

が訪れてしまいます。その気まずさを、その場にいるみんなで一生懸命駆逐（くちく）するゲームです。一つ重要なのは、あくまで「対戦プレー」ではなく、「協力プレー」であること。誰か一人だけが勝つとか、一人だけが負ける、ということはなくて（もしかしたらいじめ、というのは一人負けみたいな卑劣な状態を誰かが政治的に強いることなのかもしれませんが）、基本的には、参加者全員が勝つか、全員が負けるか、どちらかの結果になります。

制限時間まで、気まずさが訪れなければ、勝ち

　その駆逐（くちく）すべき気まずさは、ひとりでいるときには決して訪れません。誰かと場を共有している間にだけ、訪れる可能性があります。だから、その場が解散するまで気まずさが訪れなければ、勝ち。そして、ここが面白いところですが、サッカーだったら前後半45分ずつ、90分と決まっていますが、コミュニケーションゲームのプレー時間は、すれ違いざまのあいさつ程度の数十秒で済むときもあれば、飛行機でたまたま隣に座った人と8時間続くこともあったりして、毎回毎回、同じということはありません。

　そして、制限時間内に気まずさが訪れないまま、気まず

さに勝利して終わることができると、参加者同士で、相手との距離が縮まったような、親密な感じが得られます。まさに、本当のゲームやスポーツでチームプレーで何かに勝ったときのような感じです。

　会話に、何かはっきりした基準を見つけないと、上手くなることはできないなぁ、と思っていたのですが、ゲームだと考えると、「今回はあんまり上手くいかなかったな」「次回はこうやってみようかな」と、攻略することを考えられるようになったんですよね。

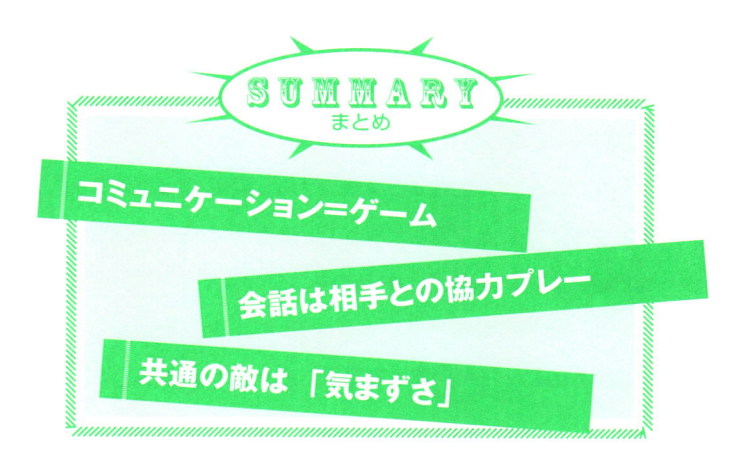

SUMMARY
まとめ

コミュニケーション＝ゲーム

会話は相手との協力プレー

共通の敵は「気まずさ」

03

ゲームだから上手くなる、技術を磨ける

自分でしゃべると何かサムい…!

　前項のように、コミュニケーションがゲームである、と考えてみることにしました。そうすると、今度気になるのはゲームの攻略法、上手くいく確率を上げていく方法です。コミュニケーションゲームの敵は「気まずさ」。そこで気が付いたのが、「どうも、無理をして自分がしゃべると気まずくなるな…!」ということでした。自分の考えをいかに表現するか、面白いことを言おうと一生懸命になってもいましたが、どうも、空回りしかしません。最初、コミュニケーションをとることに関して強い自己顕示欲を持っていました。人につまらないと思われるのもコワかったし、ウケたい、モテたいというつもりでしゃべっていました。思い返しても恥ずかしい…!　いまも若干思っちゃいますけど。

　自分が言ったりやったりしたことに対して心のどこかで常に「いいね」といってもらいたいと思っている。でも、「いいね」と言ってくれるかどうかは、相手次第です。たまに気まずさが訪れずにうまく過ごせることがありましたが、そういうときって、事前に用意した何かをしゃべっているようなときではなく、何かに導かれたようにしゃべっているときでした。そう、自分が上手くしゃべれている時、というのは、意図してか意図せずか、「相手がしゃべらせてくれているとき」だったんです

相手にうまく話してもらうのが勝利への近道

　そしてもうひとつ。「気まずさ」がどうしようもなく訪れるのは、自分がしゃべっているときのほうがはるかに確率が高く、むしろ、自分以外の人がしゃべっているときに、気まずさが訪れることは、あまりないことに気付いたんです。　会話が気まずさを駆逐（くちく）するゲームだとするなら、自分がしゃべるより、相手がしゃべったほうがいいんです！自分でしゃべるのはむずかしい、では「相手にうまくしゃべってもらうほうがいいんだ！」と、気持ちを切り替えることができたとき、ゲームが、著しくうまく回り始めました。

そうすると、次第に自己顕示欲みたいなものがごく自然に消えていくんですよね。会話は自己顕示欲を満たすものでもなく、自己表現でもないんだ、というのが自然に腑に落ちた瞬間でした。また、自己顕示欲がない人の前のほうが、みんな、よくしゃべってくれるんですよね。ってこの当然のことに気が付かなかったんですよね…！

会話はゲームだから、練習できる!

それまで、会話がゲームだった、と思えなかったときは、上手くいかなかったときも、どうしてなのかを明確に考える事ができませんでした。緊張していたから、とか、雰囲気が良くなかったから、とか、あまり具体的でない反省しかできませんでした。

しかし、「会話がゲーム」ってはっきり分ってからは、ゲームでは、どのプレーが成功に繋がり、どのプレーが失敗につながっていたか、はっきり考えることができますよね?　そう考えるようになってからは、「あ、相手がこういう話をしてくれてたのに、全然ちゃんとリアクションできてなかったからいけなかったんだ」とか、「このときは、この質問をしたから、相手がちゃんとしゃべってくれたんだ」

と、一つひとつの言動を、ゲームにとってプラスだったか
どうか、で判断することができるようになり、今となって
は、二人以上の会話を、「盤面解説」することができるよ
うになりました。「ここ、すごくいい質問してるよね」と
か、「こうやって相手が答えてくれてたら、こっち方面に伸
ばすともっと良かったよね」とかたまに考えていたりしま
す。ちょっと気持ち悪いですけど、トーク番組やステージ
なども、そんな気持ちで見てることが少なくないのですが、
こうなると、普通にラジオやテレビを見聞きしてるだけで、
ちょっと会話ゲームの腕を磨くことが、できるんですよね。

SUMMARY
まとめ

コミュニケーションに自己顕示欲は不要

会話では相手優先で考える

04

会話は生理的に気持ちいい

他のサルはしないけど、人間だけがする行動

　さて、でもなんでこんなに、私たちは「ウケる」とか「気まずい」ということが気になるんでしょうか？

　人類学者のロビン・ダンバーという人は、サル、霊長類の「大脳新皮質の厚さ」と、「群れの大きさ」と、「毛づくろいをしている時間」の相関関係を研究しているそうです。霊長類の種類によって、大脳新皮質の厚さと、群れの大きさと、毛づくろいの時間は違っています。ダンバーによると、人間以外の大脳新皮質の薄い霊長類、例えばテナガザルはおよそ 15 匹、ゴリラは 34 匹、オランウータンは 65 匹くらいの群れを形成しているそうですが、ヒトは、大脳新皮質が厚く、親しく繋がっていられる群れの数は 150 くらいだそうです。確かに、携帯の電話帳の登録人数をみると、親しい、といえるのはそれぐらいかなぁ、

と思えますよね。ただ、ひとつ謎があります。人間以外の
サルは、結構な時間を毛づくろいに使っています。しかし、
人間って、毛づくろいって、してるでしょうか…！？　他
の霊長類はしないけれど、人間だけがする行動があります。
それが、「おしゃべり」つまり、会話なんです。

　動物心理学者の岡ノ谷一夫先生によれば、霊長類の中で
発声学習するのは、人間だけ。もっというと、意図的に呼
吸をコントロールできる生物は、地上に、ヒトと、鯨と、
鳥類しかいないので、おしゃべりができる霊長類は、人間
だけだそうです。進化の過程に何があったかはとりあえず
置いておくとして、考え合わせると、人間は、サルの毛づ
くろいの代わりに、おしゃべりをしている、と考えること
ができます。

　サルに、なんで毛づくろいをするのか、ともし聞くこと
ができたとしても、きっと、「やりたいから」「気持ちいい
から」としか、言わないと思います。だとすると、人間も、「な
ぜ会話するのか」って考えたとしても、多分あまり意味が
ない。ヒトは、会話が成立していること自体が、多分本能
的に気持ちいいんだと思うんですよね。

なぜ芸能ニュースはなくならないのか？

　子供の頃から、すごく不思議なことに、「なんで芸能ニュースってあるんだろう？」と思っていました。芸能人の方が結婚したり、交際が発覚したり、関係が破綻したり、ということがわざわざ公共の電波で流されています。それによって、自分の生活に何か変化することがあるわけではないのに、日本中の人が同じニュースを見ていたりする。これをくだらない、と切って捨てるのは簡単です。でも、本当に人間にとって意味のないものだったら、きっとなくなってたと思うのですが、一向になくなることはなさそうです。これって、会話の本質を考えるとちょっとわかります。

　どうも人間にとって会話は、意義があること、立派なことを伝えるためにあるのではなく、「くだらないことでもいいからしゃべっている」ために、大切なんです。むしろ、くだらないことをしゃべるためにあるんだけど、使い方によっては意味のあることや法律みたいなものをつくることにも使える、と後からなったんだろうなぁ、

と私は思っています。そう考えると、会話で、立派な話をしようとすると、ちょっとつまんない感じが出てきちゃって、くだらないとされることを話すと、老若男女、だれもが楽しそうな顔になることがあるのも、分かりますよね。

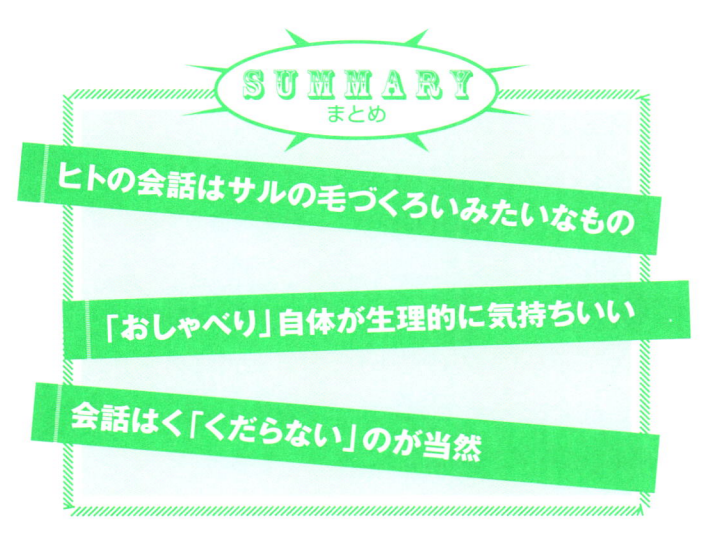

SUMMARY まとめ

- ヒトの会話はサルの毛づくろいみたいなもの
- 「おしゃべり」自体が生理的に気持ちいい
- 会話はく「くだらない」のが当然

05

言葉で「伝える」という行為には無理がある!?

言葉で伝えるという行為には無理がある!?

「会話」とは、まず伝えたいことがあって、それを他者に伝えるために生まれたもの、というイメージがあるかもしれませんが、どうも伝えたい中身よりも先に、「おしゃべりしたい」という本能が、人間の中にはあるみたいです。

ときどき、（主に）女性同士の集団が、「○○っていいよね！」「分かるー！」という、数式で言ってしまえば「A＝Aだよね！」「Aだねー！」みたいな会話を、喫茶店で何時間も繰り広げたりしている光景を見たことがあるんじゃないかと思いますが、あれを、マジメ型の（主に）男性が「なんであんなことやってるのか意味が分からない」と眉をひそめたりしていますが、むしろ、それは本来毛づくろいであるコミュニケーションとしては正しい、と私は思います。コミュニケーションの達人とは、（全力

の愛情を込めて言いますが）「おばちゃん」たちで、先輩のラジオパーソナリティを見ていても、男性でも、おばちゃんぽくなっていた人のほうが、長続きしているんですよね。

　今までにも、○○を伝えたい、と思ってしゃべったけど、なんだか上手く伝わっていないような気がする、という経験を持った方、少なくないと思います。でも、それってきっと当然なんです。会話って、何か内容を伝えるためにあるのではなく、あくまで、人間同士の信号のやりとりの副産物として、いつの間にか内容も伝えることができるように偶然なっていたんだから。「言葉で内容を伝える方がむしろ不自然」と分かっていれば、伝える、ということがいかに難しいか分かるし、もし伝わらなかったとしても、焦ることなく「伝わらなくても大丈夫」って思えると思います。

分かってほしくないことも伝わってしまう

　そしてまた厄介なことに。何かを伝えるためでなく、毛づくろいとしてのおしゃべりをしていても、今度は結果的に、むしろ言葉の内容ではなく、「何かが伝わってし

まう」という経験をお持ちの方も多いと思います。例えば、何かの営業マンの人だったりしたら、その人が商っている商品のスペックや詳細よりも、「あ、いつも早口でしゃべってる人ね」とか、「イヤな感じの人だったよね〜」とか「話し方が面白い！」とか、相手の印象の方が伝わってきちゃったりしますよね。

　伝えたい内容がなかなか伝わらない一方で、伝えても伝えなくてもいいようなことがむしろ伝わってしまうのが、コミュニケーション。ここで、「伝えたい内容が伝わるように一生懸命努力する」って方向ももちろんありますが、おしゃべりが毛づくろいだとするなら、そちらの方向ではなく、どうやったら楽しめるんだろう、ということを考えるべきじゃないかな、と私は思います。その場を楽しんでいることが一番、一緒にいる人達のためになるんですよね。「楽しむ」っていうのも、私は長年謎だったんですけど、最近、単に「深刻にならない」ってことだってことが腑に落ちはじめました。よく「大変なことを楽しめ」とか言われますけど、本当にプレッシャーがかかってるときって、難しいですよね。でも、自分が深刻になりそうになったときに、「あ、いけないいけない、やめと

こう」と思うことはできる。だから、会話、**コミュニケーション**では、**「深刻にならない」**ってことだけが大切なんだと思います。

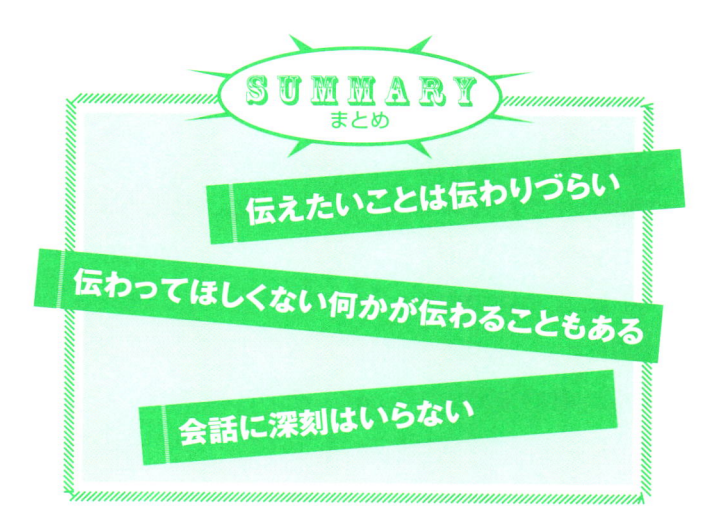

SUMMARY
まとめ

伝えたいことは伝わりづらい

伝わってほしくない何かが伝わることもある

会話に深刻はいらない

06 友だちや恋愛パートナーが 欲しいときは

知り合いを増やすと友だちは増える

　ある意味、この本で一番重要なのはこの項目かもしれません。

　友達とか恋愛のパートナーがいないことを悩みにしている人は少なくないんじゃないでしょうか。しかし、友達の作り方、ってまずこの言い方自体が、非常にうさんくさいですよね。「本音の付き合いを」とか「心を開いて」とかいろんな言い方をする人がいますが、どれも、具体的じゃない。でも、「10ヶ所いろいろなところに一緒に遊びに行ったから友達です」なんて資格制度でもないわけですが、一方で「俺たち、友達だよな！」と目を合わせてがっちり握手して友達、なんてもう、想像するだけでひぃぃ、ってなってしまいます。ただ、何もしないで、気を使わずに一緒にいてプレッシャーはかからないけど、なんだか心強い、そんな友達は、誰もが欲しい

のは事実だと思います。

でも、「エビグラタンの作り方」や「有限会社の作り方」だったら、どこかを調べればはっきりした方法が分かると思いますが、「友達の作り方」って誰も本当のことは教えてくれません。多分それって、友達って、作るものじゃないからだと思うんですよね。

では、どうするのでしょうか。すごくシンプルです。ふつうに考えて、知り合いが人より 10 倍いる人は友だちがいる確率も 10 倍高い。同様に、知り合いが人より 10 倍いる人なら彼氏・彼女がいる確率も 10 倍に上がると言ってもいいんじゃないでしょうか。

友達を作ろう、増やそう、という努力って、何か板についていないものを感じます。でも、友だちではなくて、知り合いを増やそうとする努力は、できると思うんです。最終的な目標として「友だちが欲しいな」と思ったら、知り合いを増やすのが一番の近道です。

友達同士というのは、いつお互いに友だちと認識するようになるのかは、正直ナゾです。友達というのは、なろうと思ってなるものではなくて、気がついたらなっていたというのが自然のような気がします。実際、沢山の会話を積み重ねて、

延々とたわいもない話ができるようになったときに、「ん？この人とはしゃべらなくても気まずくならないな」という人物に、ある瞬間からどういうわけか変化する。この「どういうわけか」が重要で、「黙っていても大丈夫になったら友だち」と思ってしまってもいいかもしれません。でも、そういう関係になるまでには一足飛びにはいきません。沈黙していてもOKになるまでは、重要でも他愛がなくてもいいから、コミュニケーションを積み重ねていかなくちゃいけないんですよね。

味方を増やすためのコミュニケーション

　コミュニケーション、会話ってどういうものだろう、と延々考えてきましたが、この章の最後に、ちょっと変わった問いかけをします。

　「どうして人を殺してはいけないの？」

　永遠の問題です。

　もしかしたら、あなたも子どもの頃に疑問に思ったかもしれません。ちょっと勉強すると、人類って、戦争や殺し合いをいっぱいしてきたということが、すぐ、分かりますからね。スッキリ答えるのが難しい問いかけです。今までで一番説得力があったのは、下町のおじいちゃんが「どうしてもだよ！」

とびしゃりと言っていたシーンなのですが、それでもまだ、私はスッキリはしませんでした。

　私、これ質問自体があまりよくないんだと、思ったんです。もし、「どうして味方を殺しちゃいけないの？」と聞かれたら、「どうしてもだよ！」と、ピシャリと言われた瞬間に、つべこべ説明されなくても、「あ、はい！」と分かります。「どうして飼い犬を殺しちゃいけないの？」と聞く子どもがいないように、人間って、目の前のものが敵か味方が、何より重要なんだと思います。これは霊長類の本能から言うなら、同じ群れの仲間、味方は殺しちゃいけない、ということじゃないでしょうか。

　なぜ、これがコミュニケーションの話と繋がるかというと。その敵・味方の判断基準が、「会話が成立する相手」かどうか、であると思ったからです。「こんにちは！」と言って「こんにちは！」と返してくれる相手は怖くない。でも、「こんにちは！」と声をかけても「●Ｘ□※△！」となんだか自分には分からない言葉をしゃべっている人間というのは、どうしても恐怖の対象です。どうも私たちは、コミュニケーションが取れるか取れないかで、目の前の人間を、敵か味方か、判断しているんだと思います。コミュニケーションというのは、敵と味方を分ける根源的な機能を持っていると言え

るかもしれません。

　だから、大げさに言うと、コミュニケーションがとれるかとれないかは、周囲から敵か味方か判断される、最後に命を守れるかどうかを分けるかもしれません。ムスッとしてて怖かった先輩も、ちょっと会話ができたら、とたんに怖い存在ではなくなった、なんてことが、私も無数にありました。もし、今全く知らない人でも、ひと言問いかけてコミュニケーションがとれれば、その瞬間に味方として認識してくれるかもしれない、いえ、結構な確率で、きっと味方だと思ってくれるはずです。

　コミュニケーションがとれれば、きっとあなたの世界は広がります。

　では、次の章から、具体的に、コミュニケーション、会話の方法、お伝えしますね。

SUMMARY
まとめ

友だち＝沈黙していても大丈夫な人

コミュニケーションすると味方が増える

chapter 02

会話という カードゲーム

「空気を読む」のではなく テンションを合わせる
〜会話というゲームの導入〜

「空気を読め」?

　この本で何度も繰り返し言っていますが、会話は「ゲーム」です。必ず勝つ、いい気分になるとは限らないし、逆に負ける、嫌な気分になることがある。そして、そんなネガティブな側面が気になってしまう人が「コミュ障」なんだと思います。そして、そのコミュ障にとって一番恐ろしい言葉が、「空気を読め」という言葉ではないでしょうか？

　「ＫＹ」という言葉も一時期流行しましたが、「空気を読む」ことが、いつの間にか当然のように求められるようになりました。「空気を読め」というのはあえて言えば「その場に存在する無言のルールを読み解け」ということで、とても支配力の強い言葉です。でも実際に「空気を読め」という言葉に込められているものって、偉い人とか先輩の

言うことに無条件に従え、お前はそこで小さくなって黙っていろ、ってことですよね。先人や権力者の言うとおりにだけしていたら、新しいことなんて何も起きません。「空気を読め」と言われていきいきと喋りだす人間はいないように、「空気を読め」は「黙れ」に等しい言葉で、「KY」は自分の気にくわない人間から発言権を剥奪する乱暴なレッテル貼りです。私は一人のしゃべり手として、「空気を読め」という暴力的な言葉は使いたくありません。

　ただ、「空気を読め」という言葉の乱暴さはとは別に、コミュニケーションにその場の雰囲気が無いかというと、それは、あります。しかも、かなり重要な要素です。この雰囲気が会話というゲームの一番はじめに存在しているから、コミュ障にとって会話というゲームは、敷居が高いんですよね…！

テンションゲージはその場に一つだけ

　場の雰囲気にはまず一つ、大きな特徴があります。不思議なことに、場の雰囲気って同時に「一つ」しか存在しません。たった二人で電車の隣の席で会話していても、数万人のドームコンサートでも、その場に存在してる雰囲気、

テンションは一つだけ。対面している相手が楽しそうな顔をしてればこちらもそんな気持ちになるのが普通だし、逆にドームコンサートが悲しい雰囲気でいっぱいなのに、会場で一人だけ爆笑する、というのはかなり難しいです。

そして、葬儀の会場に「どーもー！」と入っていったり、逆に、友人の結婚パーティでみんなが盛り上がっているところで「……ふん」みたいな低いテンションのままだと、気まずさが訪れてしまうのはわかりますよね？　言う人に悪意がないのに「空気を読めない」と言われるときには、実は、そういうパターンがほとんど。言ってしまえば、テンションが低すぎるか高すぎるか、それだけです。

テンションにチューニングする

だから、やるべきことはたったひとつ。まず、自分の都合がどんな気持ちであるかはさておいて、これから参加する会話のテンションが、どれくらいかだけ測ってください。子どもは、それを気にしないから子どもでいられるわけですし、そこが気になって仕方ない、分かってしまうからオトナなんです。大丈夫、目の前の人のテンションが分からない、なんてことはないですよ。それが分かったら、

コントロールできる自分のテンションを、その場にあわせていってください。実際は、テンションが低いときに、高いところに持っていくのはかなり大変ではあるんですけど、相手のテンションをコントロールするより、自分のテンションをコントロールするほうがはるかに簡単です。ぜひ、会話に参加するときは、そこだけ気をつけてください。

　私たちのような仕事の場合だと、イベントのときなど、これから行われる内容にふさわしくない雰囲気が会場に漂っていることがあります。笑えるイベント内容なのに、スタート前の会場にシーンとした空気が漂っている場合などです。そういう場合、ハイテンションで「元気ですかー！！！」みたいに入っていく方がいますが、お客さんの間に「何か違う」感が漂いはじめることが少なくありません。そんなとき私は、まず会場のテンションに合わせて、場合によっては黙ります。シーンとしている会場なら、司会者が登場から数秒黙っていても問題ありませんからね。完全に、会場のテンションに馴染んでから、今度は、イベントで必要とされるテンションに向けて、上げていくんです。そうすると、会場全体が司会者のテンションについてきてくれたりします。人前でしゃべることを仕事にするの

でなければ、目の前の人のテンションをコントロールする方法は覚えなくてもいいんですが、まず、導入はその場で共有されているテンションに合わせることができれば、それだけで成功ですよ。

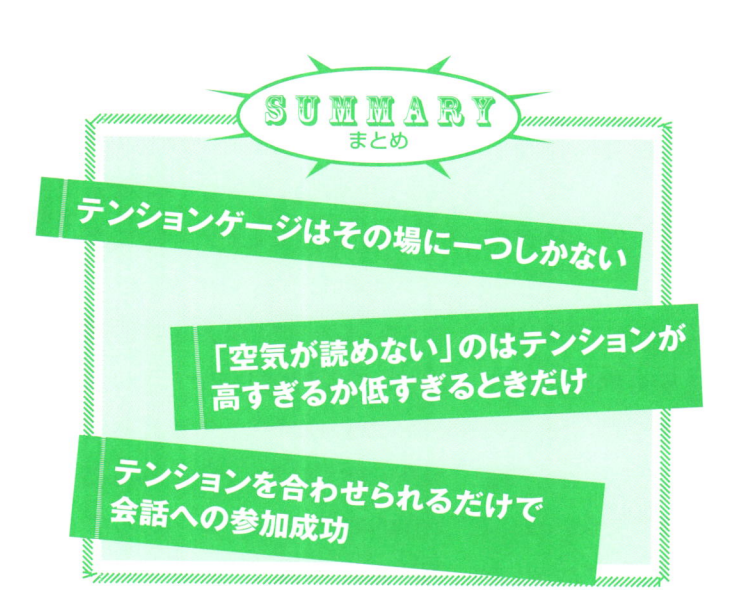

SUMMARY
まとめ

テンションゲージはその場に一つしかない

「空気が読めない」のはテンションが高すぎるか低すぎるときだけ

テンションを合わせられるだけで会話への参加成功

08

会話は、「カードゲーム」だ！

会話というカードゲーム

　コミュニケーションはゲームだ、と何度も言っていますが、ゲームの種類でいうと、カードゲームに近い、と私は思っています。それぞれが、「質問」や「エピソード」というカードを持っていて、それを順番を守って出し合っているイメージです。例えば、自分が「朝ごはんはなんでしたか？」という質問カードを切ったら、相手から「アジの干物でしたねー」というカードが出てくる。それを見て、かつて旅館に泊まったときに、ものすごく美味しいアジの干物を食べたエピソードを思い出したとすると、そういうカードを自分がカードの山から手札に加えた、という感じです。そこで「伊豆にすごく美味しい干物を出してくれる旅館があるんですよ！」と引いたカードをそのまま使ってもいいし、「普段から朝は和食派ですか？」とか別のカー

ドを切ってもいい。そして、自分のプレイに対し、他の参加者もめいめいのタイミングで、カードを引いてきている、という感じです。

　どんなカードを引いてくるかは、どんな人生を歩んできたかで全く変わりますし、引いてくるカードの数も、人によってまちまちです。持ってる・引いてくるカードが多くて、なおかつ出すカードの選択が上手な人が、「会話というゲームが上手い人」ですね。そのゲームで、制限時間いっぱいまで和やかに過ごすことができて、なおかつ会話が終わった頃にお互いがいい気分になっていたり、親密さを持てていたら、全員が勝つ、そんなイメージのゲームです。

カードが織りなす無限の広がりが、会話の醍醐味

　カードの種類は「リアクション」「ツッコミ」「気がついたこと」「提案」「目についたもの」などなど、細かく分けていけばきりがありませんが、これをお互いに出していき合って、会話が進むと、一番はじめはあまり意味のなかったカードが後から意味を持つこともよくあって、それが会話の最後にうまく配置された場合、それを「オチ」と呼んだりもします。例えば「ご兄弟いるんですか？」とい

うごく普通の質問カードに対して、「近くに弟が二人住ん
でいまして」なんて普通のエピソードが返されていた会話
の先に、「4人いれば楽しく麻雀できましたねー」「あ！近
くに弟さん住んでいるっておっしゃってませんでした？」
など、有機的に繋がった場合、会話ゲームに参加している
人たちみんなに、なにか楽しい気分が訪れます。これこそ
が会話の醍醐味の一つです。

　ちなみに、人と人の関係は毎回軽くリセットされますが、
完全にリセットされるわけではないので、会話の回数が増
えるたびに、うまい繋がりを発見できる可能性が上がりま
す。前回出したカードは全部流されてはいないし、お互い
のプレースタイルもわかっていますし、どんな手札を持っ
ているかもある程度分かる相手の方が、協力プレーをしや
すいですよね。1回うまくいったら、2回目またうまくや
らなくちゃいけない、というプレッシャーを抱える人もい
ると思いますが、「こんな音楽が好きだったな」とか、「こ
の人の奥さんは海外の人だったな」と分かっていた方が、
やりやすいですよね？

会話はすればするほど、うまくなる

ですから、会話はすればするほど、経験値を詰めば積むほど、上手くなります。「そういえばこんな人とこんな話をしたことがあったな」というカードを引いてこられる回数が増えるし、「このカードはいつも上手くいくな」「そう言えばこのカードは毎回続かないな」とか出し方自体が適切なものになっていくからです。会話って、どうやったら上手くなるんだろうと思っている方、会話をゲームだ、と考えられれば、技術として磨けます。だから、まずは最低限のルールを覚えて、どんどん会話してみてください。こんなに楽しいことはなかなかないですから。なんだか、自分がまた改めて誰かと会話したくなってきました…！

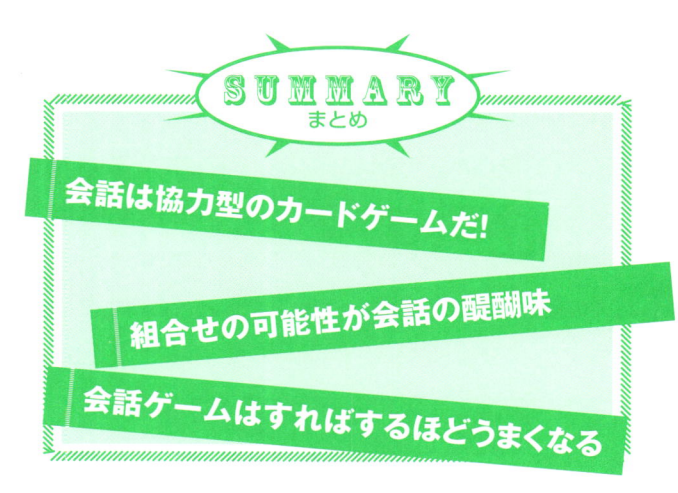

SUMMARY
まとめ

- 会話は協力型のカードゲームだ!
- 組合せの可能性が会話の醍醐味
- 会話ゲームはすればするほどうまくなる

09

「えっ?」が 最強のリアクション
～会話の「聞き方」～

相手の答えを想定しない

　コミュ障を自認する方にいただいたお悩みの中で「相手から自分が想定していない答えが返ってくると会話に詰まる」というものがありました。

　会話は、ゲームです。始める前に、脚本や段取りは一切ありません。相手がどう出てくるか決まっているゲームは、面白くないですよね？　だから、事前に会話を台本のように想定する必要って、ないんですよ。というか、日常生活を送っていて「今日はこの通りにしゃべってくださいね」と台本を渡されることはないですよね？　会話はつねに、アドリブが基本です。

　先程のお悩みの本質は、「相手の答えに対していい反応を返す自信がない」ということなんだと思います。さて、

では「いい反応」とはなんでしょうか？　おそらく、それが思いつかなくて、不安なんだと思います。

ズバリ言うと、相手にとって理想的な反応は、会話を「受け止めていること」「自分の話を聞いていることがわかること」です。会話ゲームは、相手に気持ちよくしゃべってもらって、それを受け止め続けるのが黄金パターンです。

短い反応に秘められた会話を促す力

まずは、相手の話を「聞いて」「理解して」ください。実は一番初めにやればいいのは、これだけ。相手の話を聞いていれば、自然に「へー！」って思ってそんな言葉が口から出たり、「自分も本当にそうだと思う！」と深い頷きが出たり、あまりの面白さに笑いがこぼれたりすることがあると思います。それこそ、会話で一番重要な反応！そういうカードは、どんどん場に出していきましょう。

そんな数あるリアクションのなかで、一番相手が気持ちよくしゃべりだしてくる、素晴らしい反応があります。それが「えっ！？」という反応です。相手の言葉の意外性に「えっ！」という声が漏れるのは、相手に対してはっきりと「あなたの話を聞いていますよ！」ということが伝わり

ますし、同時に「もっとその話が聞きたい！」「どういうことなの？」という質問にもなっているからです。

　逆に、自分がしゃべる方の立場になって考えてみると、「わたしの話、分かってくれたかな？」ということって、いつも気になりますよね。自分の言いたいことをガーッと全部吐き出したからもう満足、というようなある意味幸せな人だったら別ですが、そんなに図太いタイプの人は、きっとこの本は読んでいらっしゃらないでしょう。

興味を持たれると人はしゃべりはじめる

　「えっ！？」と自然に言えれば、それだけで会話が回っていきます。ほかにも面白くて笑いが堪えられなくなったら、遠慮なく笑えばいいし、会話になにか腑に落ちないことがあったら、「それってどういうことですか？」と聞けばいい。まずは、会話は相手がせっかくしてくれた話を、大事に受け止めること。自分の話を大事にしてくれていると思えば、オトナだけではなく、子どもでも一生懸命しゃべってくれます。自然に話したくなるんです。逆に、どんなにしゃべるのが好きな人でも、壁に向かってずーっとしゃべっている人はいませんからね。リアクションが、しゃ

べってくれている人に対して返せる、最大の報酬なんです。

そしてリアクションをとるために必要なのは、自分の気持ちを自由にしておくこと。その場の会話以外のことが気になっていたり、その会話から何かを引き出そう、と思っていたら、なかなか自然な言葉は口をついて出てきません。だから、「相手がこう来たら、こう！」と決めて会話に臨むのって、会話にとって、逆効果なんですよね。そういう気持ちで会話に臨もうとしているその真面目さは、ぜひ「話を全部聞き漏らさないぞ！」という真摯な態度のために使ってください。

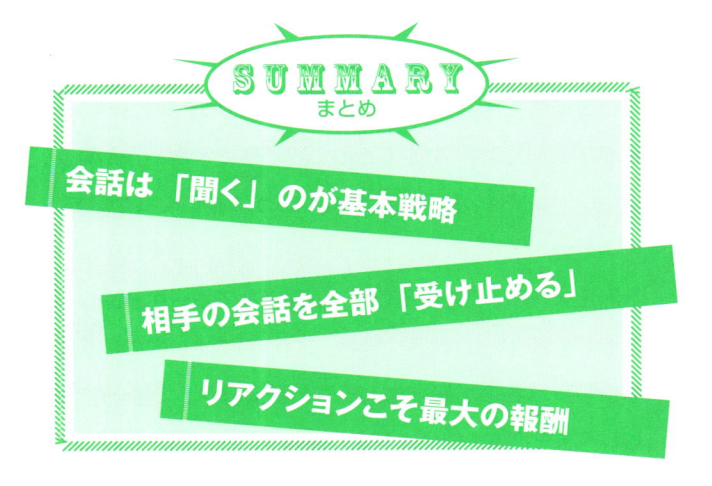

SUMMARY
まとめ

会話は「聞く」のが基本戦略

相手の会話を全部「受け止める」

リアクションこそ最大の報酬

10 エピソードを語るときは イメージを描写する
～会話での「話し方」～

頭に浮かんだものを言葉に変えるだけ

　前項で言った通り、会話でいちばん大切なのは、相手の話を全部聞いて、腹におとすこと。それだけで会話の最後まで行けば、ほとんどの場合会話は和やかだし、そうしてくれた人のことを相手は好きになりますから、それだけでぜんぜん構いません。本当の会話の達人は、「えっ？」だけで会話を導き続けることもできると思います。

　ただ、何らかのエピソードや考えを思いついた場合、自分側から話すことがあったって、もちろん構いません。　相手に手番を渡すための質問カードもあれば、自分が連続してエピソードや解釈というカードを切ることがあったっていいんです。相手も会話が上手い人だったら、そのカードを拾って次の会話に続けてくれることもありますし、連続して自分から

カードを切ることが上手くて、惚れ惚れさせられることもあります。

　ただここで、よくある誤解。会話において「話す」とは、どこかに用意されて書かれた正しい文章があって、それを読み下す、というイメージを持っていませんか？　これ、全く違います。ここで、エピソードを話すコツをお伝えしましょう。

　ラジオには野球の実況アナウンサーがいます。目の前で起きているプレーを流れるように口にしていくと、聞いてくれている人の頭のなかに、鮮やかな映像が浮かび上がります。そんな名アナウンサーは、文章を事前に作文しているかというと、もちろんそんなわけありません。本当に、目の前に起きていることを「実況」しているんです。これが、一人でしゃべるときの基本です。

　もちろん、何年も研鑽を積んだ実況アナウンサーのようになれ、といっているわけではなく、基本は、どんな人でも同じだってことです。自分の過去の体験を思い出して、拙くてもいいから、それを「実況」する。「作文」するんじゃないんです。どんなに拙くても、その記憶はあなただけのものですから、堂々と口にしてください。その時に見た空が青かったら、「空が青かったです」と言う。それだけのことです。また、

そのとき見たり聞いたり嗅いだりしたものばかりではなく、自分の感情や体感も、実況することができますよね。

自分が過去に体験した事柄を、イメージとしてまず頭のなかに浮かべる。それから、そのときの感覚を、ひとつずつ言葉を使って描写していけばいいんです。

イメージも気持ちもシンプルに描写

描写という表現が分かりにくかったら、**体験やそのときの状況を「見たまま、感じたままをそのまま話すだけ」**と言い換えられます。たとえば、「お父さんってどんな人?」と聞かれたとしましょう。そのときは「身長 175cm ぐらいで、地黒で白髪の日焼けオヤジです」という感じです。ちなみにこれはウチの親父ですが。見たまま、浮かんできたままを口に出すだけです。

たとえば、旅のエピソードで厳寒の北海道に行った話をするなら、「どうだった?」と聞かれたら「飛行機から降りた瞬間、寒っ!って言葉しか出なかったよ」という感じ。「寒っ!」という表現は本人が体験したことの描写ですよね。「風景」などの視覚的なことに限らず「イメージ」なんて言ってるのは、体験したことは全部口にできることだからです。これは文章

をつくるのとは別のものです。同じ寒さでも「まるで凍てつくような寒さに身震いした」なんて書き言葉で話す人はいないですよね。

　実は、順番を気にしながらしゃべる、のはとてもむずかしいです。たとえば落語家さんというストーリーを口で伝えるプロが存在するのは、人間にとって、順番をきっちり守ってしゃべるのはとても難しいことだから。だから普通の人は、会話の際にはその場に描写を投げ出してしまえばいいんです。それを、相手に共有してもらえればいい。

　ちなみにその体験を 15 分かけて話す場合もあれば、5 秒で話さなければいけないときもあります。これも会話を描写だ、と考えていれば、ラフスケッチで簡単に描写するか、精密画のように細かく描写するかで、時間に合わせていくことができます。決まった文章だったら、同じ文字をゆっくり口にして行くしかありませんけど、「描写」だったら、細部を語っていれば、その間じゅうずーっと描写していくことで、いくらでも時間が繋がりますからね。桂文楽の「寝床」という古典落語のなかに、時間稼ぎをしたい登場人物が、あえてがんもどきの製法を延々と描写する、という名シーンがありますが、それも一言で言うなら「大豆をすりつぶして揚げておしまい!」

と言ってしまえたりします。

ひとり語りの最後は質問で終える

　ひとり語りを上手くできれば大きなアドバンテージですが、とても難しいですし、前項でも言った通り、聞くことこそ優先で、しなくてもいいことです。会話のために重要なコツがひとつあります。最後は、質問で相手に返してください。「うちの親父はよく年甲斐もなく半ズボンを履いています」と言い切って終わりだとそこで「はぁ」と言われて会話が続かず気まずさが訪れそうですが、「ウチの親父はそんな感じですが、あなたのお父さんって、どんな人ですか?」と聞ければ、今度はあなたが聞く番。気まずくならずに会話を続けていくことができます。

SUMMARY
まとめ

ひとり語りは文章を読み下すことではない

「感じたこと」をそのまま口にするだけ

しゃべった後は質問で返す

相手に命令するのは一発アウト!
～会話の「反則行為①」～

コミュニケーションゲームの反則行為

　ここまでは、コミュニケーションというゲームを、ルールを守った上でいい形で進めるための方法を書いてきました。ルールが存在するということは、何気なくやってしまいそうなことの中に、「反則行為」も存在します。その中には、会話が気まずくしかならないような、一発で終わってしまうような行為もあります。

自分の主張を押しつけるのは反則行為

　例えば、あまりにも古い考え方ですけど、「奥さんは専業主婦に限る」という主張を持っている人がいるとします。そういう考えを個人として持つのは自由だと思いますが、それを会話に持ち出して、自分の価値観を相手に押し付け

るのは**一発アウト**です。「だから君も奥さんには専業主婦になってもらうべきだよ」なんて言って、人の考えを「変えなさい」と命令するのは大きなお世話。というかそう押し付けてくる相手のこと、好きになれますか？ （なお、そういう人とも会話ゲームをしなければならない場合、ものすごく優しく対応するなら、「どうしてそういう考えに至ったんですか？」と質問に変えていくことはできるかもしれませんね。）

　会話は、和やかな時間を過ごして、最後に好意が生まれているのが目的、とこの本では考えています。会話で価値観を押し付けてくる人は、会話を「自己表現」と考えてしまっているのかもしれませんが、違います。会話は、「自己表現」ではありません。

考えは自然に変わっていくもの

　ただ、人と会話をしていて、自然に考えが変わることはあっていいと思います。でもそれは**全部「提案」じゃなくちゃいけない**と思うんですよね。「○○っていうアイドルが素晴らしいと『私は思う』」なら、最後の判断は相手に委ねられているので、なんの問題もありません。そして、

その判断を委ねられたときに、自然に考えが変わることもあると思います。ただ、相手を自分の考えに寄せようとするのは、常にアウトです。考えを押し付けられて、気持ちいい人はいません。

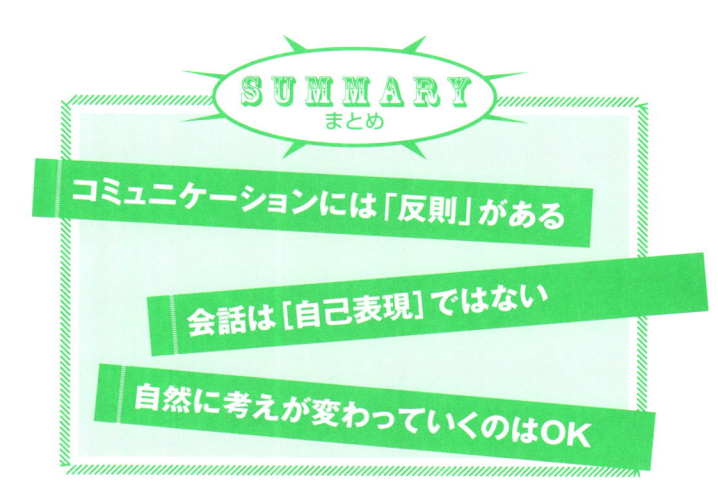

SUMMARY
まとめ

コミュニケーションには「反則」がある

会話は[自己表現]ではない

自然に考えが変わっていくのはOK

12

ウソをつくくらいなら 黙秘すればいい
～会話の「反則行為②」～

ウソをつくのは、倫理的にではなくて、戦略的にダメ

　会話においてやってはいけないこと、ルール破りの最たるものは「ウソをつくこと」です。とはいえ、それは子どものころからさんざん言われてきた「ウソをついちゃダメ!」のような倫理観に基づくものではなくて、コミュニケーションゲームの中でそれをやってしまうと、そもそも「気持ちよくなる」という会話の目的自体が失われてしまう、という戦略的な意味で、反則行為なんです。

　ちょっと極端ですけど、ママ友同士の会話を例に挙げてみます。本当はご主人が失業中なのに「うちの旦那、実は官僚で……」みたいなウソをついてしまったとしましょう。なぜそんなウソをつくかというと、子どもの手前もあるし、自分の見栄もあるため、ご主人が失業中という事実は公言したくない、という理由が考えられます。人間がウソをつくのは、自分をよく見せたいと

思っているときが多いようです。これは元をただせば、「人から
こう見られたい、イメージを操作したい」、会話を「自己表現」と
捉えているから出てくるんだと思います。ただ、あくまで会話は
「気まずさ」を駆逐するゲームで、自己表現であるかどうかは、
正直、どうでもいいんです。

　また会話においてウソがいけないのは、描写ができなくなる
という点も、非常によくありません。ウソは、ディティールの拡大
縮小ができないんです。先程の例で言うなら、「旦那さんはどち
らまで働きに行ってるの?」「今の仕事の内容は?」「先週の火曜
日何してたの?」などなど、こういう質問は、真実であればすぐに
難なく答えられますし、当然その内容に矛盾は出てこないはず
です。それが、ウソをついてしまうと、事前に全部想定することは
できませんから、その場で創作して答えてなおかつそう答えた
ことを覚えておかなくてはいけません。結局どこかで言葉に詰ま
る事態に陥って気まずくなる可能性が高いですし、ウソをついて
しまった相手とは、再度会いたくないという気持ちになってしま
うのも、ウソがコミュニケーションゲームにとってマイナスでしか
ない理由の一端です。

ウソではなく、黙秘するのは自由

　ここではママ友との会話で、あけすけに「旦那はいま失業中なんだけど、どこかいいところ紹介してくれない?」と頼めるなら、全く問題ありません。そういう人って、基本的に人気者ですよね。でも、なかなかそこまであけっぴろげにはなれないものです。そこまでオープンになれない場合は、その場において「黙秘」していいと思います。

　私は、子どものころから海外のドラマで裁判とか警察の取り調べシーンで、「あなたには黙秘権がある」と通告するくだりが気になっていました。「黙秘権があるっていうのはどういう意味だろう?」と思ってずーっと考えてきて最近わかったことは、黙秘権があるというのは、「ウソをついてはいけない」という足枷をはめられたことと一緒だということです。

　実際の取り調べでは「何月何日、お前はどこにいたんだ?」と聞かれても、黙っていていい。本当は別の場所にいたけど、言うと不利になると思ったら言いたくないと黙秘する権利があります。ところが、そこでウソを言うのは禁止されている。黙秘権があるというのは、「あなたは黙っていい、でもその代わりにウソをついてはいけないよ」という権利のことです。いくら脅されても「その話はしたくないです」と言っていい。

　だから、前述の「ご主人、何してるの?」と聞かれたときには、

「言いたくない」と言っていいし、言いたくないことは、人間として尊重されるべきっていうことは、社会のルールとしてもはっきり決まっていることなんですよね。

ラフプレーヤーとは距離を置く

　もし、それでもしつこく聞いてくるような人であれば、コミュニケーションゲームにおいては、ラフプレーヤーとしていいと思います。そういう人は**会話のルールを守らない人**なので、**ゲームは一緒に楽しめません**。先述の「人に考えを押し付けようとする人」もそうです。そういう人が現れてしまった場合、その場は気まずくなってもしょうがないのでやり過ごして、今後のためには、可能な限り付き合わないほうがいいと思います。自分を守るためにも、そして他の周囲の人と楽しくゲームを続けるためにも、ルールを破る人とは距離を置いちゃってください。ラフプレイヤーなのに人望がある人、ってほとんどいませんから。

SUMMARY
まとめ

言いたくないことは黙秘OK

ラフプレーヤーとは距離を置こう

13

知ったかぶりは後ろめたい
～会話で「やらないほうがいいこと」～

分かったフリをした瞬間から会話は楽しめなくなる

会話の途中で、よく分からないことがあったとき『それってどういうことですか？』と聞いてみたけど、「なんだか聞き返すのも悪いし」とそもそもスルーしたり、2〜3度聞いても分からなかったら、その場で分かったふりをしてしまう、なんてことはありませんか？　私もよくやってしまうんですが、これ、ホントに良くないです。

たとえば「鈴木さんっているじゃないですか？」と言われて、「あー…。はい！」と分かったフリをしたけど、実はよく知らない。すると、そのうち相手から「あの鈴木さんだからさー（しょうがないよね）」と同意を求められたりしたら、リアクションを一瞬、迷いますよね。堂々と「ホント鈴木さん、いつもそうですよね。アハハ」と自然に笑えません。それなら、最初から「ごめんなさい！誰でしたっ

け？」と素直に聞いてしまうべきなんです。

　一度、分からない状態を放っておくと「分からない」がどんどん積み重なっていってしまう。すると後ろめたい状態がずっと後を引きます。こういう会話は、「早く終わらないかなぁ」という気持ちに、なりますよね。

　これも、道義的に「知ったかぶりは人を欺いているからよくない」という話ではなく、ゲームとしての会話でのパフォーマンスが悪くなるから、よくないんです。ある地方劇団の女性座長さんのお言葉として聞いたのですが、曰く「表に立つ人間は後ろめたくてはいけない」そうです。自身に置き換えてみると、後ろめたさがあるときって、自然なリアクションがとれません。瞬時にリアクションができないと、表に立つ人としては失格の烙印が押されても文句は言えない。そんな厳しい世界に身を置く人らしい言葉だなと思いました。

自由な気持ちを狭めるのが「知ったかぶり」

　そういう意味でもコミュニケーションでは、自分の気持ちを自由にしておくのが大切なんです。そこが会話の一番の面白みでもあります。

　たとえば、知ったかぶりをしていなかったら、相手が持ち出してきたエピソードに対して、面白い連想が広がったり、新しい解釈を思い付いたりしたときに、屈託なく口にすることができます。それこそ、会話の醍醐味です。でも、知ったかぶりしてなんだかよく分からないまま会話を先に進めた場合、思いついたあれこれが「さっき分かったふりをしていたことと矛盾しないかな…！」などと自分の中で検証しなくちゃいけなくなるんですよね。

　よく聞こえなかった、よく分からなかったことを聞き直さないのも、知ったかぶりとほぼ同じです。でも、「誤解」は違います。することもあると思いますが、自分で誤解したことに気づけません。だから、誤解の場合は気持ちに後ろめたさは生まれないので、自由さは失われない。でも、聞き逃したことをそのままにしておくと、その後、聞いてなかったことを見透かされたくない、という気持ちが先行して、上手くいきません。会話中はずっと後ろめたい気分が続くし、集中もできない。当然、内容をよく理解していないわけだから質問もあやふやになってしまいます。知ったかぶりをすると、そこを突かれたくないと思ってしまうために、会話のバリエーションが減ってしまい、その間は

コミュニケーション自体が苦痛なものになる。そういう意味でも正直に「分からないことを聞く」というのは自分の気持ちも自由にしておけるんですね。相手の気分を害するかもしれないんですけど、分かるまで堂々と聞き続けてください。とまあ、こうは言ってますけど、これ、われながらにいまだに時々やっちゃうんですよね…！ そもそも、分かってないのに分かったふりをする、って「自分は分かってる人だと相手に思われたい」という自己表現ですよね。ここ、知らないことを告白するのに勇気が必要なところです、お互い、気をつけましょう！

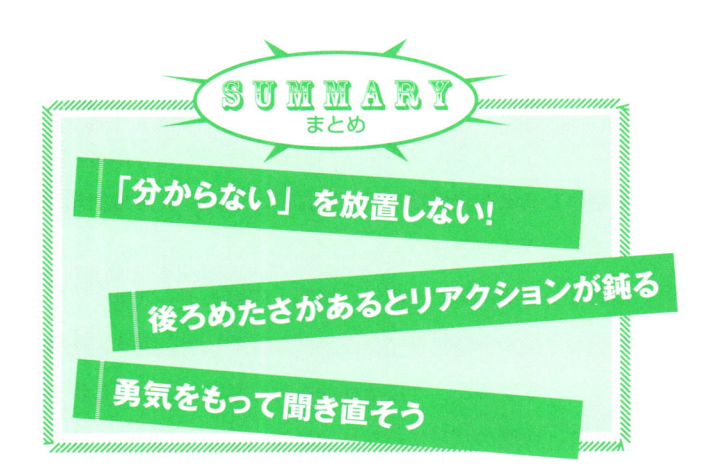

SUMMARY
まとめ

- 「分からない」を放置しない！
- 後ろめたさがあるとリアクションが鈍る
- 勇気をもって聞き直そう

14

会話でプロレスしよう
～会話ゲームが究極に楽しくなると～

会話はエンターテインメント

　さて、会話をゲームとして、やるべきこととやってはいけないことを確認してきましたが、楽しく会話ができるようになったら、最終的にはどういう状態になるのでしょうか。それは、「プロレス」です。すいません、私実際のプロレスにはあまり詳しくないですけれど。プロレスは、対戦相手を投げ飛ばしたり叩きつけたりして、痛めつけ合う一種のケンカです。でも、本物のケンカではなく、観客に「魅せるためのケンカ」です。本物のケンカは、効率的に相手の息の根を止めるのが目的と言えますが、プロレスはあくまでエンターテインメントのショー、相手を打ち倒すことよりも、それまでの過程が大切です。

　たとえば漫才師さんたちがお客さんの前に出てくると、「わざとケンカする」ことがありますよね。これは、プロ

レス的なエンターテインメントです。例えば「○○っていいですよね」とひとりが言ったら、それに対して「全然、よくないと思います」とわざと返す。いわば、仲良くケンカしている、プロレスです。私はラジオパーソナリティ、いわゆる職業しゃべり手ですが、職業しゃべり手同士が人前でしゃべってっていると、だいたい仲良く噛み付き合うような状態になることが多いです。それが、自分たちが一番楽しく、聞いてくれている人にも楽しんでもらえる、と思うからです。

弱点をうまくツッコみ合える関係に

　ある程度仲良くなったら、人と会話でケンカできると理想的、むしろ会話でケンカできるような相手が友達、とでも呼べるんじゃないでしょうか。

　会話のプロレスを楽しむためには、「弱点をつくる」といいんです。詳しくは後のキャラクターの章でも取り上げますが、この弱点が、相手が気軽に攻撃できるところとなり、その部分がツッコまれても平気だと、お互いの合意の上でプロレスができるようになります。攻撃される部分は常に鍛えられているから受け身がとれます。だから突かれ

ても痛くないし、むしろ打たれ強い。そんなふうに弱点を武器に変えた人どうしで、会話でプロレスをしているのは傍から見ていても楽しいし、何より、やっている本人たちが一番楽しいです。

周囲も楽しませるコミュニケーション

　例えば私自身は、そんな会話のプロレスを、番組のアシスタントの声優さんと毎週スタジオで繰り広げています。会話のなかで彼女は私のことを「キモチワルイ」と言ってもいい。実際、私はそう言われることに、くやしいですがなんの問題も感じていません。楽しいですけど。反対に私のほうでも彼女が英語っぽいカタカナ言葉を理解できてないことなどを指摘したりしています。

　そこでは、私が何かしたら彼女は「キモチワルイですー」と言っていいし、私のほうは「ホンジュラスは怪獣じゃないよ！国だよ！」と言っていい。そういういう約束がふたりの間ではできていると思っているからです。両方とも全然致命的な弱点ではないですが、攻めどころとしてはおたがい認識しています。どちらの弱点も明らかになっていて、お互いがそこをツッコみ合って、お互いが上手く受ける。

ときおり、型通りを越えた意外な攻撃が繰り出される。そんな感じが会話のプロレスじゃないでしょうか。

　会話の流れの中で「ここに来いや！」と誘うようなこともお互いやりますが、これもカッコよく言えば「受けの美学」です。こんなふうにプロレスのようなエンターテインメント性を盛り込めるのは、コミュニケーションがゲームだから。楽しい会話って、本人たちだけじゃなく、周りの人も楽しくすることができるんですよね。

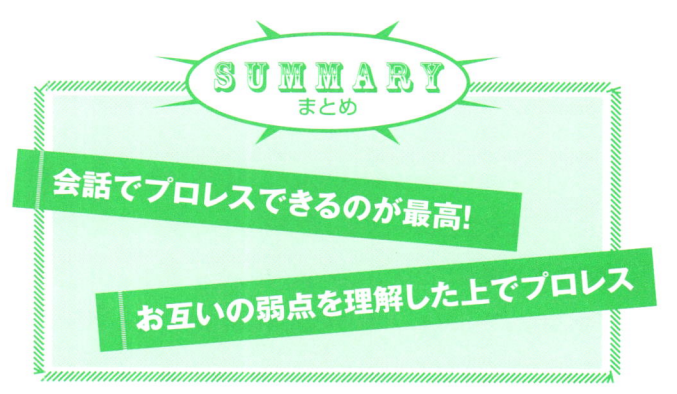

SUMMARY
まとめ

会話でプロレスできるのが最高!

お互いの弱点を理解した上でプロレス

15 会話は「平等なゲーム」

会話したくない相手

　会話したくない人、苦手な人っていますよね。コミュ障の方からのご相談に、「同年代の人とは何を話していいか分からない」というものがありました。逆に、「先輩や後輩が苦手」という方もいらっしゃいました。他にも、異性が苦手とか、いろいろなパターンがありました。私は、ラジオのアナウンサーになって一番困ったことの一つが、「どんな相手が目の前に現れるか分からない」ことでした。実際に仕事を始めると、ミュージシャンや政治家、幼稚園児から落語家、相撲取りから IT 企業の社長、アイドルや科学者や映画監督や農家のおばあちゃん、住職、商店街のおじさんなどなど、老若男女、場合によっては国も越えて、さまざまな人と放送を共にすることになりました。

　仕事を始めた頃には、私も話をするのに抵抗がある相手、

という方は存在しました。特に、大先輩はいいんですけど、ちょっと上の先輩、というのがとても苦手でした。なんか怖い。ただ、二十年続けさせていただいているうちに、振り返ってみると、いつのまにか「この人としゃべるのは無理！」と事前に思うことはなくなっていました。

これ、経験でそうなった、といえばそうなんですが、振り返ってみると、この章で再三書いた「会話はゲームだ」ってことが腑に落ちて、いまでも苦手な人はいますけど、ゲームなんだから、何か打つ手はあると思えるようになり、まったく何もできない！無理！と思うことがなくなっていたんです。まとめて言うと、次の二つが分かっていればよかったんです。

コミュニケーションは、勝敗を決めるゲームではない

コミュニケーションは、お互いの勝敗を決めるゲームではありません。そもそも「会話に勝つ」ってなんでしょうか？　相手と自分の主張をぶつけて、相手が自分に屈してくれたら勝ちでしょうか？　その場合、言い負かされた方って決していい気持ちにはならないですよね。また、偉い方が言っていることを常に認めなければならない、とい

うことでもありません。何度も言っていますが、会話は、何もしないと訪れてしまう「気まずさ」をその場にいる人みんなではねのける、協力型のゲームです。あえて勝ち負けがあるとするならば、気まずさを駆逐できればその場全員の勝ち、もし気まずさが訪れてしまえば全員の負けです。相手が気まずいのに、自分だけがいい気分を味わう、って正直出来ますか？　気まずさに、偉い人も偉くない人もありません。そう思えば、その場に参加している人の立場の上下も、気にならなくなります。

コミュニケーションは、自己表現ではない

　コミュニケーションは、自己表現ではありません。自分の考えていることを相手に信じ込ませれば勝ち、と思うかもしれませんが、実は、コミュニケーションで伝わってしまうことって、選べないんです。例えば、就職面接を受けていた学生さんがいたとして、志望動機や熱意って、伝えようとして伝わる、というものではありません。むしろ、立派な志望動機を述べた場合、志望動機の内容そのものよりも、それを立派に準備してきた性格のまじめさが伝わったりします。それ以外の会話でも、和やかな会話をしよう、

と一生懸命その場に向かい合っているうちに、「あ、この人はなんだかとても感じがいいな」や「この人は歴史にすごく詳しいんだな」、「食べ物は辛いものが好きなのかー」など、ランダムに伝わってしまいます。伝わるものって、選べないんです。だから、○○が伝わらなかったらダメだ、なんて思い悩む必要なし。そもそも、選べないんですから。

コミュニケーションは平等なゲーム

コミュニケーションは、和やかな時間を繋ぐことが全てであって、相手より優位に立つ必要はないし、自己表現として「○○が○○である!」ってことが相手に分かってもらえなかったら負け、ってことでもありません。そう考えると、相手がどんな人であっても、怖いことって特にないですよね。

コミュニケーションゲームは、平等なゲームです。最終的に言葉さえ使えれば、場合によっては表情だけでも、会話はできます。会話は、「和やかに時間を過ごす」という目的が腑に落ちていれば、やればやっただけ、確実に上手くなります。もし、この章を読んで勇気を出してもらって、いつもは引いてしまうところで、会話ゲームの口火を切る、なんてことをしてもらえたら、こんなにうれしいことはありません。

chapter 03

質問は会話の
トリガー

「話す」ではなく「質問する」

人が二人揃うとコミュニーションは強制的にはじまる

　人が二人以上顔を合わせたたら、コミュニケーションというゲームは強制的に始まってしまいます。エレベーター内だろうと飛行機の隣席だろうと、「気まずさ」が訪れたら負け。

　このコミュニケーションというゲームには、もう一つ面白い特徴があります。エレベーターの中ならほんの数十秒で終わりますが、国際線の機内だと十数時間。同じルールなのに、環境によってゲーム時間がまるで違うんです。よく聞かれるのが、「どんな話をすればいいんでしょうか?」というご相談です。すいません、この質問、二つの意味で間違っています。まず一つ目が、「話題」という考え方にとらわれていること。もう一つが話を「する」と自分が話をすること前提になっていること、です。

会話を続けたいのに「いい天気ですね」と声をかけても「そうですね」で終わってしまっていたら、ぜひ、この章をお読みください。

「話そう」ではなく「聞いてみよう」

「何を話していいか分からないから、コミュニケーションが怖い」というコミュ障の方からのご質問がありました。まず、そこです！ 実は、自分のエピソードを話しても、まず、相手に興味を持ってもらえることはありません。相手に自分が興味を持たれている、自分のエピソードをわざわざ話すような立場・職業なんて、実はこの世にあまりないんです。でも、心のどこかで、みんな自分の話を聞いてほしいんですよね…！それって、相手も同じ。そのことが分かれば、大チャンス！「相手に気持ちよく話してもらうこと」が、気まずさをやりすごす一番いい方法なんです。自分で話したいことを決めてから会話に臨むのは、入口から間違っています。人と会うときは、「相手の話を聞こう！」と思うだけで、全く結果が変わってきますよ。

「聞き上手」とは、本当は「質問上手」

では、「相手の話を聞く」にはどうすればいいんでしょうか？　「聞き上手」って言葉がありますよね。まったく仕事にならなかった新人アナウンサー時代、「聞き上手になれ」と言われて、途方にくれたことがありました。「話し上手」なら自分の努力でもしかしたらどうにかなるかもしれないけど、相手が、どんどん話してくれるようになるなんて、テレパシーを身に着けろ！と言われたような気持ちでした。でも、これ、考えて見れば単純な話だったんです。「聞き上手」って「質問上手」ってことなんですよね。相手の話を聞くこと、とは、言い換えれば「いい質問をする」ってことなんです。

天気の話をするのなら、「いい天気ですね」ではなく、「こんなに暑いと、今日は夏物か冬物か困りませんでした？」と、ひとつの題材を元に質問に変えていく。「今日は暑いですよねー、普段暑い時、どうしてます？」と聞くことができれば、「いや、うちの地元の暑さに比べれば！」とでも言ってもらえて、「え、ご実家どこなんですか？」など、別の話題のきっかけにできることもよくあ

ります。では、人に聞くべきことって、どんなことでしょうか？

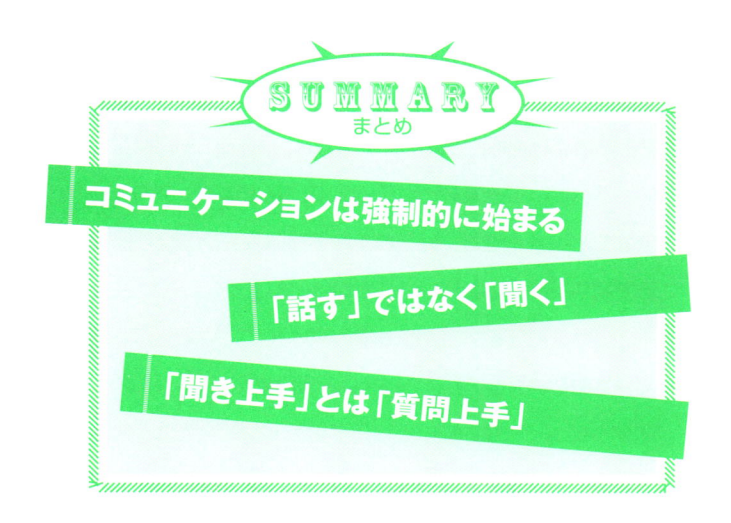

SUMMARY
まとめ

コミュニケーションは強制的に始まる

「話す」ではなく「聞く」

「聞き上手」とは「質問上手」

17

質問の「コツ」

答えが分からない質問をする

　私はアナウンサーという仕事のなかで、番組に来てくださるゲストへのインタビューで、やってはいけないことを決めています。そのひとつが、「答えが分かっていることを聞く」こと。事務所のプロフィールでも、ウィキペディアでもネットで調べれば分かることは沢山あります。「何年デビューですか？」とか「バンド名の由来は？」とか。分かっているのにわざわざ聞いているインタビュアーがいたりしますが、アーティストでもアイドルでも、聞かれたほうは何度もいろいろなところで同じ質問をされていることがほとんどです。答えが分かっていることを聞くのって、「取り調べ」ですよね。取り調べられて楽しい人は、あまりいないと思います。

　インタビューについていろいろと考えていたときに、大変参考になった本がありました。その中にあった印象的な一文

が「**インタビューとは、年表を埋める作業である**」というもの。インタビューのとき、相手のことを下調べもせずに臨むのはおかしいし、準備しておくのは仕事なら当然。そこで下調べしていくと、いろいろなことが分かります。有名な人だと、かなり詳細なところまで逸話やエピソードが紹介されています。たとえば、○○さんは高校１、２年生の出来事については書いてあるけど、３年生のときについては書いてない事がある。○○さんに会うときには、そこが聞くといいポイントなんです。「１、２年生のときには、こんなことをされていたそうですけど、３年生のときは、何をされてましたか？」という感じです。どんなに有名な人でも、一箇所も隙間がないということはありえません。それが有名人ではなくて身近な人、たとえ親でも子どもでも、自分がその人のすべてを知っていることなんて、ありえません。だから、**この世に「会っても話すこと、質問することが何もない人」なんて、いない**んです。

「なぜ」ではなく「どうやって」を聞く

　学校の授業で習ったかもしれませんが、質問は、５Ｗ１Ｈに分けられます。「なぜ（WHY）」「いつ（WHEN）」「どこで（WHERE）」「誰が、誰と（WHO）」「何を（WHAT）」「どう

やって（HOW）」ですね。この中で、会話向きの問いかけは、ズバリ「どうやって（HOW）」です。いろいろなインタビューをした経験上、なおかつ自分が聞かれた側に立った場合も、「いつ〜した」については意外と憶えていないな、と実感しています。旅行に行った先は憶えていても、それが2年前か3年前かについてはあやふや。「誰」も、飲みに行ったことは憶えていても、そのときに一緒にいたメンバーは意外に憶えていない、なんてこともあります。

　ほかにも、「何をしたか」は憶えていても、「なぜ」は、そもそも理由がないことって、すごく多いんです。例えば、登山家がいたとして、「なぜ山に登るんですか？」と「WHY」で聞いたら、「そこに山があるからだ」となります。名言としては重みがあって素晴らしいですけど、これを会話だと思うと、そこで「へー！！」となって会話が次に繋がったとは、ちょっと考えにくいです。それよりは、「WHERE」や「WHAT」にあたる「どんな山に登ったことがありますか？」「それってどんな山なんですか？」と聞いた方がいいし、さらにいいのは、「どうやって（HOW）」で、「どうやって山に登るんですか？」と聞いたほうがいい。具体的に、「こういう準備をして、こういう予測をたてて、こういう人に協力してもらって…！」と、付

帯的なエピソードで答えていきやすいんです。

　また、「なぜ（WHY）」の質問は、ほかにも会話のためには あまりよくない面があります。「なぜ」は「人を問いつめるワード」なんです。「いいことだ」と思っていることについては「なぜ」と聞くことはあまりない。人は若干否定的なニュアンスを感じているものに対して、「なぜ」と聞くことが多いんです。「なんでそんなイイコトするの？」と聞くことはあまりなくて、「なんで遅れたの？」とかになります。答える側に回ると、「なぜなら」と自分の行動の理由を説明しなければならないのは、意外とプレッシャーがかかりますよね？　おすすめは、「なぜここに来たんですか？」より「どうやってここに来たんですか？」です。

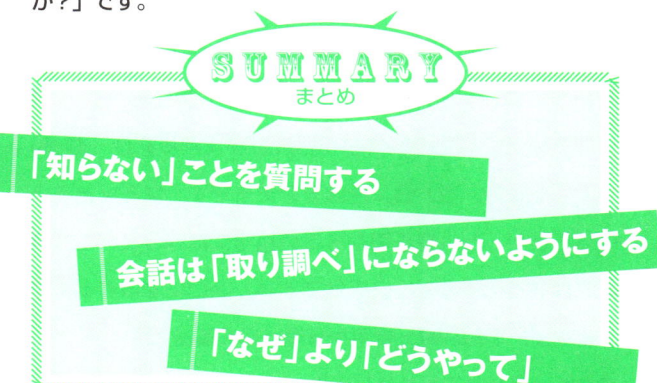

SUMMARY
まとめ

「知らない」ことを質問する

会話は「取り調べ」にならないようにする

「なぜ」より「どうやって」

18

「話題」という誤解
～「きどにたちかけし衣食住」～

「きどにたちかけし衣食住」を質問に変える

　コミュ障を自認する人たちから多く寄せられた質問に、「どんな話題を選べばいいか分かりません！」というものがありました。この質問、実は非常にあやういんです。昔から会話のプロの世界には、「きどにたちかけし衣食住」という格言があります。初対面の人やあまり親しくない人と会話する際に役立つ、話題の材料になりそうな事柄の頭文字を繋げたフレーズです。それぞれ、き（気象）ど（道楽）に（ニュース）た（旅）ち（知人）か（家族）け（健康）し（仕事）で、衣、食、住はそのままです。なるほどそういうことか、と、真正面からこの格言に向かうと、これらの話題をこのまま「いい天気ですね」と口にすることになりますが、そんな時、相手から返ってくる答えは、「そうですね」と言われて終わりだったりしますよね？

　この格言は、たしかに有効なんですが、そのまま会話に出すだけでは有効じゃなくて、「質問に変える」ことが大切なんです。道楽であれば、「ぼく、サッカー好きなんですけど、あなたはどんなスポーツがお好きですか？」とか、ニュースを取り上げるなら、「パンダの名前が○○に決まりましたけど、どんな感想を持ちましたか？」とか、質問にするべきなんです。

　そして小技ですが、このなかでおすすめは、旅に関する質問です。人は「移動」「場所」をトリガーとして記憶を思い出すことがよくあります。いつ旅行したかはなかなか覚えていなくても、特定の場所に行ったことがあるかどうかを忘れている人はめったにいないです。「ぼく、中国行ったことあるんですけど、（あなたも）ありますか？」とか「メキシコでサッカーの試合があったみたいですけど、行ったことありますか？」という感じの質問ができると、「メキシコはないけど、アメリカ南部なら」とか、「わたしはないけど、知り合いに南米に行った人がいて、強盗に遭ったそうなんですよ」とか言ってもらえたら、もうその話を聞いているだけで、あっという間に時間が過ぎそうですよね。

　家族の話題であれば「地元に母を残して上京してきてま

す」と言い切って終わるのではなく、「うちの母親がオレオレ詐欺を撃退したんですけど、お母さん引っかかりそうなタイプですか?」とか、健康の例で言えば「顔色すぐれないみたいですけど、ゆうべはよく寝られました?」。とか。住であれば「どの沿線にお住まいですか?」。答えるのに迷うことは、あまりありませんよね?

エピソードではなく価値観を聞く「〜をどう思いますか?」

　自分が知らない、相手の話を引き出す。まずは、主に[エピソード]を聞く方法をご説明しました。エピソードは、いわばその人の物語や想い出ですが、ほかにも、「価値観を聞く」という方法もあります。「どうやって課長になったんですか?」と聞くのがエピソード、「課長って、どういう立場ですか?」と聞くのが価値観について聞くことです。もっと言うなら、「課長の仕事内容って、どんな感じですか?」と具体的な描写で返って来る質問をすることがエピソードについて聞くことで、「課長という仕事の面白いところって、どういうところだと思いますか?」という質問をするのが、「価値観について聞くこと」です。「ちなみに、好きですか

嫌いですか？」という一番シンプルな問いかけは、「嫌い」だった場合にかなり和やかさに欠けるので、あまりおすすめしません。イエス・ノーではない、先程も出てきた「5W 1H」、できたら「HOW」で、「どうやってやるべきだと思いますか？」と聞くのが、会話のためには一番いいですね。

肩書きや立場はその人の本質とは関係ない

あるマンガに、登場人物が「あなたのことについて、肩書きや経歴などを使わずに自己紹介してください」と質問するシーンがありました。年齢がいくつで、何年に学校を卒業して、どこそこという会社に勤めて、という事柄を答えるのではなく、「音楽だったら○○が好きで」「もし、一億円あったら○○するな」と答えるわけです。このシーンを見たとき、あ、これこそ究極のインタビューだな、と感じていました。ある人がある人である理由というのは、「どんなエピソードをその人が持っているのか」「そのエピソードを、どう感じてるのか」にあります。例えば、「小学校に入学した頃って、どうやって学校にかよっていましたか？」と聞いたら、「桜の咲く坂道を上ってね…」とすごく美しいエピソードを言ってくれるかもしれませんが、それをどう

感じていたか、「私は今思い返すと、悲しかったのかもしれない」なんて言ってくれたら、もう、その人のことがだいぶ深く分かるはずです。人は、エピソードに、さらに意味付けをしていますが、その意味付けを分かってくれる人を、友達、大切な人だと感じるんだと思います。でも、人の価値観に興味を持たない人が、実はほとんどなんですよね。もし、その価値観に自然に興味を持つことができたら、今後その人と一緒にいることに、困ることはきっとありませんよ。

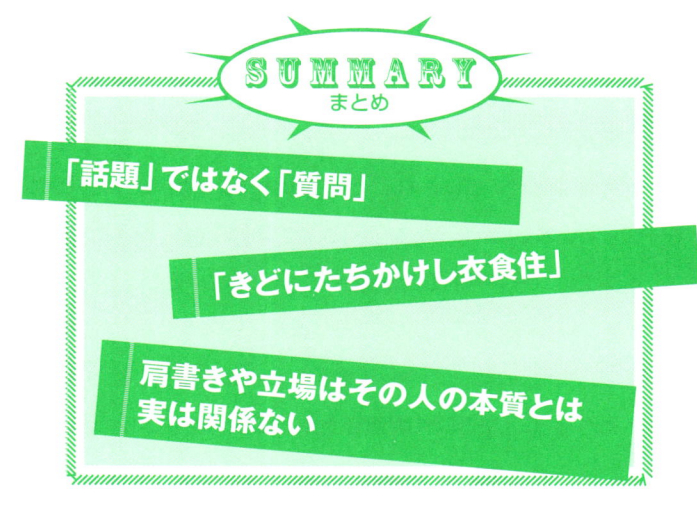

SUMMARY
まとめ

「話題」ではなく「質問」

「きどにたちかけし衣食住」

肩書きや立場はその人の本質とは実は関係ない

19

気づけば質問できる

質問の種は、「変化」にあり！

では、質問しよう、という気持ちになってくれましたか？そうしたら、今度は何に焦点を当てて質問をすべきか、ですが。もし、目の前に久しぶりに会う誰かが来たとしましょう。そのときに、「あれ、この間と髪型が違っているかな？」と思ったら、ぜひ「あれ、髪どうしたの？」と素直に聞いてみましょう。「髪切ったんだよ！」とでも言ってくれたら、例えば職場や学校が変わってその髪型が変わったのかもしれないし、彼氏や彼女、人間関係に何かがあったのかもしれないし、ちょっとした心境の変化かもしれない。その人に対する質問の種は、その変化の中にあります。緊張しているとなかなか難しいかもしれません。緊張しているときに難しいのは、具体的に何をしていいか分からなくなってしまうこと。だから、大変かもしれませんが、まず、相手

を見てみてください。

マイナスの印象は加工する

　でも、気付けてしまうことというのは、ポジティブなことや、フラットなことばかりとは限りません。ときには、相手のちょっと悪い点や、変な点に気付いてしまうことがあるかもしれません。そういう場合　冠婚葬祭の忌み言葉みたいな、「言ってはいけないこと」というものは、コミュニケーションゲームの中にもあります。たとえば、目の前に現れた相手のスーツが「なんか、おかしいぞ」と思ってしまった。そこで正直に「そのスーツ、変じゃないですか?」と言ったら、さすがにきっと相手は気を悪くしちゃいますよね。下手するとケンカになってしまうかも。コミュニケーションゲームとしては最悪の結果です。そこで、見た感じで「変だな」と思ったら、もう一歩考えを進めて「あんな変なスーツ、いったいどこで買えるんだろう?」と思ってください。そうしたら、「変だ」と思った気持ちは、「そのスーツ、どこで買ったんですか?」という質問として、口に出すことができます。これは、会話を進めていく質問になりえます。

　ただそこで、「なんでこんな事ばっかり気にしてるんだろう、オレは最低だ！」なんて思う必要はまったくありません。自分の心の中では、どんな印象を抱こうが問題ない、というかコントロール出来ないですよね？ただ、それを「出してしまう」ことだけがNGです。しない、と決めていれば、しないで済みますから、いっぱいいっぱいになって、言うことがなくなってしまったとしても、無言のほうが、まだダメージが小さいです。

「一発退場」のデリケートな話題もある！

　ここで、ついでにちょっと気が付きにくいNG事項をもうひとつ。会話では、何を聞いてもいい、むしろそういう気持ちでいられるのが、一番大切だとすら思いますが、いわゆる「一発退場」の発言も、多少あります。たとえば営業マンやタクシーのドライバーは、「宗教と野球の話をしない」なんて決めている方もいます。健康や家族の話も、重い病気に苦しんでいたり、家族のことについてはあまり触れられたくないケースもあったりするので扱いがデリケートな話題です。

　でも、いきなりは無理でも、会話を積み重ねて距離が縮

まった後なら、デリケートなことにふと、意図なく触れられることもあります。それは、そういう距離を縮める大チャンスが訪れるまで、とっておいてください。「聞いたらまずそうなこと」はちょっと想像力を働かせれば分かることだと思います。多少窮屈かもしれませんが、「きどにたちかけせし衣食住」と、12方向も話を広げられる可能性がありますから、相手がスパイででもない限り、ひとつくらいは話の接穂があるはずですよ。

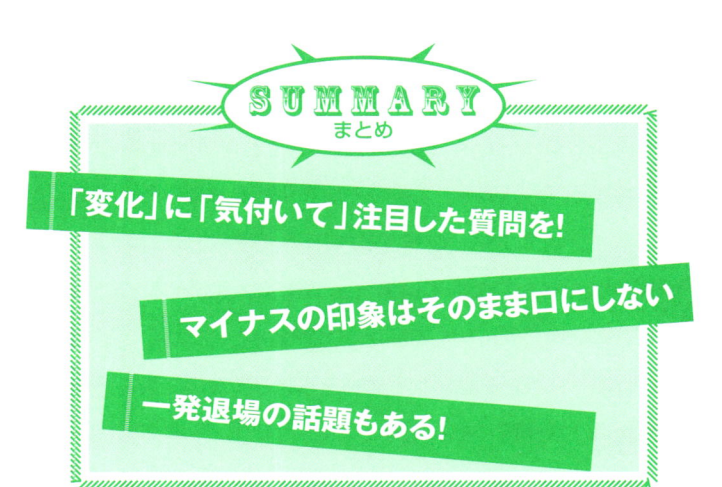

SUMMARY
まとめ

「変化」に「気付いて」注目した質問を!

マイナスの印象はそのまま口にしない

一発退場の話題もある!

20 人間は「誤解を訂正するとき」に一番しゃべる

先入観はどんどん持ったほうがいい！

　シャーロック・ホームズなら、相手をひと目見ただけで、相手の適切な情報を引き出してこれるかもしれません。きっと、的確な質問ができることでしょう。あなたが、犯人にそれと知られずに、アリバイを崩す重要な発言を引き出すのであれば、先入観は鋭くなければいけませんが、あなたが目指しているのは、会話に気まずさが訪れないこと、ですよね？　だったら、先入観が正しくなくてはいけない、なんてことはまったくありません。え！と思うかもしれませんね。世の中では、「人に会うときに先入観を持ってはいけない」「間違った先入観を持っているなんて、失礼なことだ」と言われていますが、ことに会話においては、あなたの先入観が、ちょっと間違っていたっていいくらいです。もしあなたが社会人だとして、「大学生ですよね？」

と聞かれたら、「いえいえ、違いますよ、社会人です」と、きっと自然に訂正の言葉が口をついて出てくるはず。そう、人間は誤解を訂正するときに、いちばんしゃべる生き物だからです。

誤解戦略

　私ががよくやっている手として「自分の勝手な想像や誤解、一般的なイメージをぶつけていく」というものがあります。たとえば、話しぶりや答え方が理知的な人に対してだったら、「ものすごく頭が良さそうな感じがするんですが、東大出身ですか?」と聞いてもいいわけです。「いえいえ違いますよ」と否定した後に、当然、正しい学校名を言いたくなりますよね。大体先方が自発的に話し始めてくれます。これ、言ってもらえる答えは同じですが、「学歴は?」と聞くよりも可愛げがありませんか? 「愛媛出身なんです」と言われたら、「やっぱり、みかん、めっちゃ食べるんですか?」というように愛媛から想像できる勝手なイメージを相手に投げてしまうと、「実際にはそんなに食べないよ!むしろ冬に食べるのは…!」とか、別の話に繋がっていくこともありえます。

　ただ、答えを知っているのにわざと誤解すると、とても嘘くさいので、答えを知っているのに明らかにウソと分かるときは、冗談だよー、と全身で表現したいところです。が、それは、はっきり言って上級編。そこまで使いこなせなくても、「自分が相手について思っていることが、正確じゃないかもしれないからしゃべれない」って思わなくてもOKです！

　ちなみにちょっとずるい手ですが、たとえ心がなくても「モテそうですね？」は誰に対してもだいたい使える質問です。失礼も無いし、持ち上げ過ぎてもいないし、ちょうどいい感じがします。

下手にタブーをつくらないで聞きたいことを聞く

　以前、ラジオで憧れのアーティストに会いに行こうという企画があったんですが、カッコいい男子2人組のアーティストがいて、収録に女の子のファンに一緒に行ってもらったんです。そして、質問コーナーとなったのですが、そのとき、女の子は開口一番こう切り出しました。
「○○さんは彼女いるんですか？」
　これこそ、このコーナーの醍醐味だなー、と私は如実に

思いました。下手に気を遣ってしまう人だと、アーティストが新曲を出したばかりなら「なんでこの曲つくったんですか？」とか聞くのかもしれない。でも、私としては、それは絶対に聞いてほしくない質問だった。ここで彼女は、いちばん興味があることを聞いていい立場なんです。そして、見事に斜め上な質問をしてくれました。

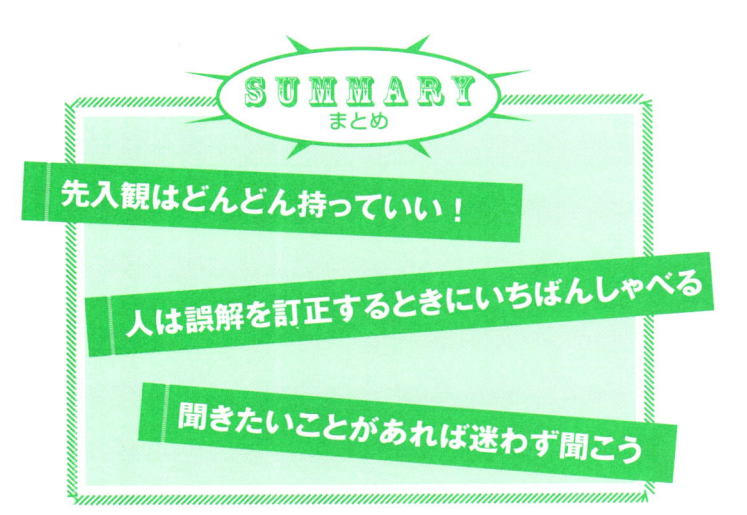

SUMMARY
まとめ

先入観はどんどん持っていい！

人は誤解を訂正するときにいちばんしゃべる

聞きたいことがあれば迷わず聞こう

21 まったく知らない人と 会話する方法

知らない人と話すのはつらいのに、 友達との会話はつらくないのは?

　友達との会話はつらくありませんよね? そもそも、何をしても気まずくない人のことを「友達」と呼ぶような気もします。友達との会話が難しくないのは、エピソードや価値観が出てくる、適切な質問をしやすいから。どこに住んでいて、兄弟構成はどんな感じで、何が好きで何が嫌いか分かっている。相手の情報が分かっていれば、的確な質問がしやすくなります。

　だから私は、ラジオパーソナリティとして、ゲストに来るお相手のことを時間が許す限り調べます。ただ、事前に会うことがわかっている人としか会わない人生なんてありえません。全く知らない人と会話できたほうが、人生の可能性は確実に広がります。では、まっ

たく知らない初対面の人と気まずくならないようにするには、どうすればいいんでしょうか？　これ、難問ですよね。

　どんな相手でも、どうしても隠せないものがあります。それが「相手の外見」です。

相手の「身につけているもの」にはエピソードや価値観がある!

　目の前に相手が来たら、必ず何かは目に入るはずです。その人の髪型や服装、身に着けているもの。お恥ずかしいことに最近気付いたんですが、女性であれば、お化粧も状況によって違うんですよね。朝起きたら、まったく見に覚えのない服を着せられていた、なんて人はいないように、身につけているものには、相手のなんらかの意図が反映されているケースが多いです。逆に、身体的な特長は、本人の意図とはまったく関係ないので、会話の対象としては、不向きです。美しい女性と対面したとき、その人に対して、「すごい美人ですよね、どうしてそんなにキレイなんですか？」という質問する人がいますが、言われたほうは、なんて返

していいかわからないと思うんです。「ええ、青汁飲んでますから」とか答えてくれる相手であれば、その後の会話もきっとその人のお陰で楽になると思いますが、だいたいは「ありがとうございます」とか「いえいえ」とかで終わってしまいます。でも、その美人が身につけているアクセサリーなら、どこかで買った、とか、誰かから受け取った、とか**エピソードがあるはず**で、そこは**質問できるポイント**です。

序盤のギクシャクはあってあたりまえ

あと、ここまで偉そうに話してきましたが、初対面の人と会うのは、やっぱり簡単ではありません。毎日、スタジオで初対面のゲストとお会いしていますが、正直、四苦八苦の毎日です。でも、これらのコツを意識して、なんとかやりくりしています。でも、その中でも一番重要なのは、「**初対面はギクシャクするもの**」と覚悟ができていることかもしれません。

知り合って間もない人同士がいきなり打ち解けて話が盛り上がるなんてことは、なかなかありません。**他愛ない会話を積み上げて行った先に、なにか気持ち**

が触れ合うような、そういう瞬間がたまにあるんです。初対面の人に会うときに緊張するのは、実は相手に対して敬意を持っている証拠。ぜひ、そこだけは頑張って、乗り越えてください。

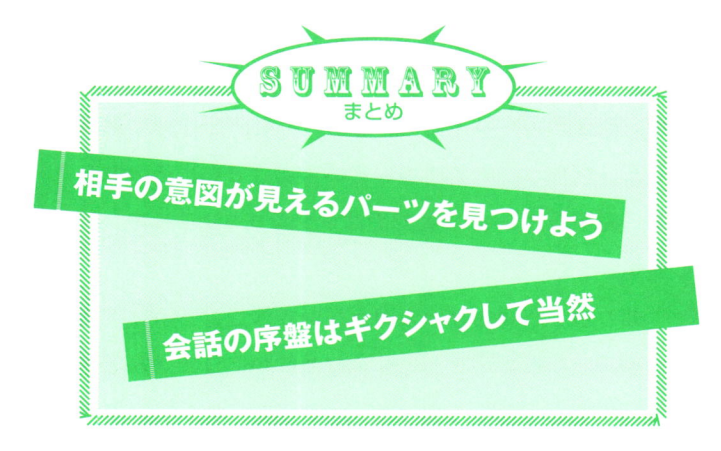

SUMMARY
まとめ

相手の意図が見えるパーツを見つけよう

会話の序盤はギクシャクして当然

「会話が転がるまで」質問する方法

いっそのこと相談するのもアリ

さて、ここまで質問を重ねてきましたが、会話をしていると、「あ、今転がりだしたな」という瞬間があります。そこまでたどり着ければ、残り時間が何十秒であろうと、何時間であろうと、大丈夫。しかし、その瞬間まで一回の質問でたどり着けることもありますが、なかなかたどり着けないときも少なくありません。そういうときにどうするか、無限のパターンがありえますが、いくつかのコツをご紹介してみます。

例えば、相手に「相談」してしまうという方法です。以前、ある女性脚本家が大物ミュージシャンに対しておこなった、名作とされるインタビューがあります。その人に聞かなければわからないことを聞くのがインタビューの基本ですが、いまさらその大物ミュージシャンに「どちらの

出身ですか？」「○○だよ」と言わせている場合ではない
のは誰もが分かります。

　そこで彼女はどうしたか？
「わたし、モテないんですよ。どうしたらいいと思います？」
と相談を始めたそうです。

　あの大物ミュージシャンにこともあろうか恋愛相談をし
てしまった。すると、そこで彼が「いや、実はオレにもこ
んなことがあってね……」と、誰も聞いたことがないよう
な話をはじめたんです。これにはまわりも「おお、スゲー！」
となりました。

　「相談」も、大きな意味では相手の価値観が答えに現れる、
「質問」ですよね。

自分の話を質問の前にくっつける

　会話の基本が質問であるという前提ですが、相手に何か
聞くときに、自分の話があったほうが意図は伝わりやすい
ことが多いです。たとえば、「会社までどうやって通勤さ
れてますか？」と聞くとします。そこで、相手に「なんで？」
と思われそうなときに、「ぼく、実は自転車で通勤してま
して、こういう雨の日とかはすごく困るんですよ」と自分

の事情を話しながら聞けば、相手も聞いた理由を納得して
くれたり、こちらの話から自分の話を連想してくれること
もあります。

　自分の話はあくまで質問を補強するため。ただ「小さい
ときのあだ名はなんでしたか？」と聞くよりは、「実はぼく、
あるアイドルからゴボウと呼ばれているんですけど、あな
たは子供の頃、なんて呼ばれてました？」と聞くほうがエ
ピソード溢れる答えが返ってくる可能性は、高いです。

スマホがそんなに好きなら…!

　これはとてもテクニカル、言ってしまえばしまえば小手
先の技です。コミュ障のお悩みの中に、「人とおしゃべり
するのが苦手で、ついスマホに目が行ってしまう」という
ものがありました。分かります。そういうシーン、本当に
よく見かけますよね。であれば、逆にスマホを活用してし
まう手を考えてしまうのはどうでしょうか。

　「何か写真、一枚見せてもらえませんか？」と聞いてみ
るという方法は、かなり相手に対して聞くことを思い起こ
させてくれます。スマホの中には、ふつう最低でも数十枚
は、写真が入っていますよね。これって、昔で考えれば、

相手がアルバムを持ち歩いているようなもの。友達の家の
アルバムを見たら、「これ何？」という質問がオンパレード
で出てきますよね。しかも、写真というのは、人間の記
憶のトリガー（引き金）になりやすいです。相手は「この
ときはこんなことがあった」「この人はどこの誰々さんで」
と、何もないところでは思い出せなかったエピソードを、
次々に披露してくれたりします。

美容院の会話が苦手…

　そして、コミュ障自認チームのお悩みのなかに「美容院」
もありました。わかります！　確かに、利害がない相手と
長く過ごさなければいけない場のひとつですよね。だいた
い、美容師さん側はビジネスとして接客の一貫として話し
かけてくれたりしますが、そこで、「うまくやりすごさな
くちゃいけない」と思うぐらいなら、こちらから質問して
しまったらどうでしょうか？

　ちなみにこういう場合、おたがいの偏愛部分を見つけて
しまうと強いです。たとえば、たまたま二人とも阪神ファ
ンだったと確認できたら、途端に楽になります。昨日は○
○が活躍して、今日の先発は△△になりそう、という話を

和やかにできる。相手に興味を持って接していけば、どこかで合致できる偏愛を見つけられると思います。

　もうひとつが相手の専門についての質問です。美容師さんであれば、聞くべき話は髪のことでしょう。「いま、どんなの流行ってるんですか？」とかでもいいですよね。もう少し興味を相手に向けて髪を切る技術を聞けば、向こうも話すことは山のようにある。「髪のどこを切るときが難しいんですか？」なんて、相手の職業や専門分野などについて聞くのは、そのつもりになれば楽しいですよ！

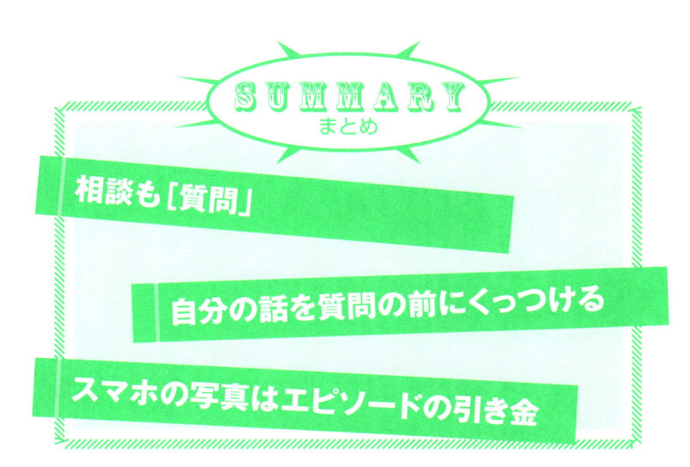

SUMMARY
まとめ

相談も［質問］

自分の話を質問の前にくっつける

スマホの写真はエピソードの引き金

23 いちばん大切なのは 「答えやすい」こと

「楽して答えられる」

さて、長々と「質問」について話してきましたが、会話における質問の一番重要な要素って、結局、何だと思いますか？ きっと、利害関係がある人とは、ビジネス的な、必要なやり取りは難しくない、という人は多いと思います。むしろ、何気ないやり取りこそを難しい、と感じるからこその、コミュ障、ですよね？ ではその「何気ない」とはどういうことでしょうか？ それは「楽して答えられる会話」ということなんです！

「あなたにとって、○○とはなんですか?」相手に大喜利を強いない

例えば、「あなたにとって○○とはなんですか？」と聞いたら、それはもう、気まずくならない会話の成立の方向

としては、「笑える」か「納得する」か、しかなくなってしまいます。これって、「大喜利」です。大喜利は、わざわざテレビで腕を競い合うような技術が必要とされるものです。大喜利が得意な人は、きっと面白い会話も得意でしょうけれど、ほとんどの場合、面白くならないと思います。大喜利は、相手側が大変で、自分は楽しませてもらう側、になってしまいます。会話は、相手に面白いことを味あわせてもらうためじゃなくて、自分側が努力して、相手に楽に過ごしてもらう、というつもりでいるのが、一番気まずさが訪れづらいです。

具体的に聞く

では、どうやったら答えやすい質問になるでしょうか。

一番、いつでも使えることが多いのは、時系列で聞くことです。イエスで終わってしまう「海に行ったことありますか？」という質問や、実に思い出しにくい「海についての想い出を聞かせてください」より、「一番最近、海に行ったのはいつですか？」のほうが答える側が答えやすい上に、「え、それは誰と行ったの？」「車で行ったの？ どのルートで？」と聞いているうちに、興味を引くエピソードに出会える可能性が高いです。

エピソードを読み合えば会話は繋げられる

　相手のエピソードを聞くのが会話の基本。実際、人というのはエピソードの宝庫です。ただ、それは外からでは分かりません。例えば、私は「アニメが好き」「アイドルが好き」とか、放送では言ってますが、そういう看板を掲げているわけじゃないし、胸に「アニメ大好き！」と謳ったＴシャツを着ているわけでもないです。そういう秘められた部分をいかに読み合うか、が会話の役割で、自分が相手に面白い話をしているときは、実は相手が上手く読んでくれているときです。

　質問上手になるということは、人という書物を読むのが上手くなった、ということ。そして、読まれている側の人は、幸せなんです。ぜひ、周りの人を幸せにしてあげるために、質問の方法、身に付けてみてください。

SUMMARY
まとめ

- 質問で一番大事なのは「答えやすい」こと
- 「具体的に」聞く
- 人はエピソードの集合体

chapter 04

キャラは弱点が作ってくれる

24

キャラクターは周囲が決める！

キャラクターとは周囲からの予測のこと

　今では小学生でも「キャラ」を気にしますが、そもそも「キャラ」って何でしょうか？

　「キャラ」って、悩ましいですよね。いつのまにか「陰キャラ」とか「天然」とか勝手に割り振られていたりします。「キャラ」とはその人に対する周囲からの予測です。「こんなとき、あの人だったらこういうことをするだろうな」と、人から予想されること。たとえば、いつもリアクションが大げさな芸人さんは、「あー、あのオーバーな反応の人ね」と思われていますよね。その人をドッキリさせたら、「きっと大きなリアクションをとってくれるはず」と周りの人は予想しているはずです。でも、一度も見たことがない、初対面の人でも、見るからにコワそうな外見の人がいたら、何もしなくても「怒り出すんじゃないかな」とまわりが勝

手に予測する。それがキャラです。

キャラは自称できない！

　ここまで読んで「あ、では私は秀才キャラでいこう」とか思った人、ちょっと待って！

　キャラ獲得には、重要なルールがあります。「キャラ」とは周囲からの予測なので、決して自分では決められないんです。

　自分がこうありたい、と思ったキャラと、周囲から見たキャラが違うかもしれません。というか、最初からあまりズレがないことはまず無いんじゃないでしょうか。ある意味残酷なことに、ふつうに生きているだけで発生してしまうのが、キャラなんです。

　この原則に忠実かどうか、私たちは結構厳しく見ています。「私って、食いしん坊キャラじゃないですか」と自称しているアイドルを見ると、ちょっとモヤっとしますよね。「私って、食いしん坊なんです」でいいと思うんですよ。私も、自分があまりに間抜けな失敗ばかりするので、「天然かもしれない…！」と放送で自虐的に言ったときに「天然を自称して許されようとするなんて感じ悪い」というお

叱りを受けたりしました。「キャラ」を自称した瞬間に、「あなたは私をこう見るべきです」と軽く命令しているようなことでもあります。確かに、ちょっと感じ悪いですよね。

キャラが定まっているとプレーがしやすくなる

「キャラ」は、アイドルが自己申告までして獲得したいほど重要な要素になっています。というのも、コミュニケーション、気まずさが訪れないように会話を続ける協力型ゲームのためには、お互いの動きが予測できるのはとてもありがたいからです。相手にキャラがある、足場がしっかり固まっていると、周囲は「この人にはこんな話を向けよう」というパスが出しやすくなります。「ここでオーバーなリアクションがほしいな」という瞬間に、そういう人に、みんなが協力して、発言のタイミングを向けやすくなります。

例えば、あなたが「電車キャラ」なら、話が電車のことに及べば、「だったらアイツだな」と発言のタイミングが回ってくるようになるし、自分で自分のプレースタイルを把握できているってことですから、電車の話になったら自分が遠慮する必要がないことが分かって、どうす

ればいいか、迷いも減りますよね？

　やっぱりキャラがあると、自分も周囲も、楽になるんです。

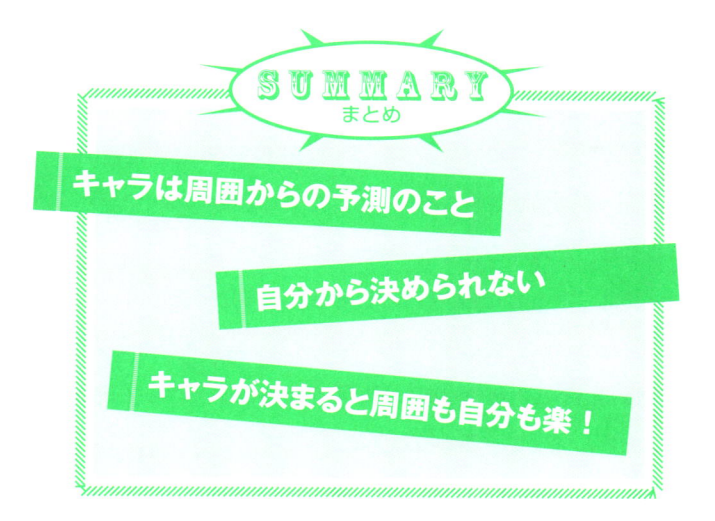

SUMMARY
まとめ

キャラは周囲からの予測のこと

自分から決められない

キャラが決まると周囲も自分も楽！

25 「キャラ」の手に入れ方

キャラを手に入れる方法とは?

　キャラとは、周囲からの予測。いろいろな個性が、「キャラ」になります。「頭がよさそう」「甘いものに目がなさそう」「運動ができそう」「お金持ち」「ちょっとバカ」「いつも遅刻する」などなど。これをさらに簡単に言うと、キャラとは「○○しそう」という感じのことです。人が「しそう」なことは、枚挙に暇がありません。細かいことを言いそう、雨の中でも走り出しそう、たまに会話に英語が混ざりそう、どんなことでも「キャラ」になりえます。

　では、どうしたら、「○○しそう」と周囲に思われるのでしょうか。一番簡単なのは、ひたすらくり返すことです。太っていることをウリにしているあるタレントさん（タレントさんは「キャラのプロ」です）は、「食事をしているときに人が見ていたらもう一皿多く頼む」なんて言ってい

ました。「予測しろ！」と解釈の内容を命令するのはとても感じが悪いですが、好きなものを「好き」って言ったり、お気に入りの行動を（迷惑でなければ）繰り返すことは、周囲から見ても、あまり感じ悪くありませんよね。

弱点を指摘されたらチャンス！

でも、意識的に繰り返さなくても、好きなことや思わず出てしまう癖は、**本人よりも周囲の人に**、**よく見えている**んですよね。私は、一部で、「ゴボウ」と言われています。正確にはキャラではなくてあだ名ですが、「色が黒くて、体が細くて、めんどくさいことを言いそう」だから。あるアイドルが私を見て言ってくれたことなんですが、あー、すっごい納得、とわれながら思いました。

それ以来、色んな所で、「ゴボウでーす」と言わせてもらっています。これ、ホントに私は、ラッキーだったなぁ、**財産をもらった**みたいだなぁ、と思っています。え、どうして？と思う方がいるかもしれません。そう自称した瞬間に、「この人の顔色の悪さやガリガリなところ、理屈っぽいところ、ツッコんでいいんだなぁ」ってことが伝わるんですよ！？

こんなにありがたいことはありません。

コミュ障の人へのアンケートのなかに、こんなお悩みがありました。「一生懸命しゃべると、人にウソっぽいって言われる」。もう、これ、お悩みどころか、「使えるキャラ」を手に入れられる大チャンスです！

どんな深刻なことを言ってもそう思ってもらえない、って、最高の「笑える悩み」ですよね。ここ、すっごく重要なところなんで、次、じっくりご説明します。

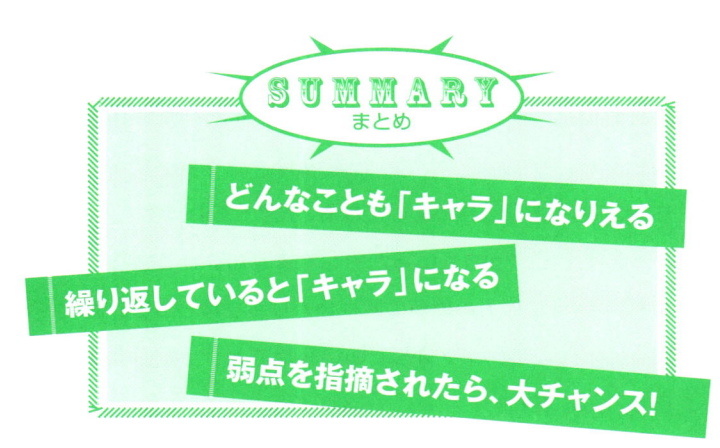

SUMMARY
まとめ

どんなことも「キャラ」になりえる

繰り返していると「キャラ」になる

弱点を指摘されたら、大チャンス！

26

「キャラ」は「弱点」から作る！

弱点とキャラは相性がいい

　会話、という気まずさを排除するゲームにおいて役に立つ「キャラ」は、「弱点」です。長所というのは、自分で言うのが大変むずかしい。「私はお金持ちなんで平気です」「ぼくはバカだからわからないんですよね」…どちらのセリフが会話の気まずさをなくしてくれそうでしょうか？

　考えなくても、分かりますよね。残念ながら、人間って人の自慢には何かむっとなって、人の弱点を見るとふっと楽になるんです。私も、大変浅ましいですけど、人の失敗とか大好きです！

　これって本能というか業というか、そういうもんですよね？

　そうじゃない！という聖人君子の方が読んでいたら、ホントに、申し訳ございません。また、キャラクターって繰り返さなければ周囲が予測してくれるようになりません。自

慢を何度も繰り広げるのは、周囲に気まずさを味あわせる危険性を何度も冒さなくてはいけませんが、弱点は、繰り返すたびに周囲に笑いが広がったりします。だから弱点こそ、キャラクターを活用するために、押し出すべきなんです。

コンプレックスは「おいしいキャラ」

たとえば、コンプレックスの代表格と言える「ハゲ・デブ・チビ」。本気で悩んでいる方に失礼を承知で申し上げますが、もう、キャラクターという意味では、大変な才能です。一見、弱点とみられるその部分、「デブでーす」と自分から言える人は、周囲を楽にしてくれます。私の嫁のお義父さんはいわゆる「薄毛」なんですけど、娘が冗談で「ハゲ」とか言うと頭を下げて「鏡っ！」とかやってくれる。やっぱりそういうお義父さん、人気者ですよね。

その他にも、人にはいろんな欠点があると思います。「オタクっぽい」とか「足がくさい」とか「老けて見える」とか「すぐ諦めちゃう」とか。自分では気が付けない弱点もとっても多いので、一回指摘された弱点は、他の人も気付いていることが多いですから、言ってもらったらラッキー、と、自分から言ってみると他の場所でも通用することはきっ

とたくさんありますよ。

自分のマイナス面は「先に言ってしまう」

「わたくし、バツ１でございます」と悪びれずに言うタレントさんがいます。かなりの大御所の方ですが、この自己紹介、下の立場からでも「そうはいってもバツ１じゃないですか！」とか、「そんなんだからバツ１なんですよ！」と冗談で言い返すことができるようにしてくれる、優しさの現れだと思います。ある棋士の方は、周囲がみんなカツラだということを知っていて、「どうやって面白くカツラを脱ぐのか」を考えているそうです。そういう方たちって、一緒にいて、気まずさが訪れる可能性は非常に低い、周囲を楽にしてくれる人、ですよね。キャラは「笑える悩み」の中にあります。

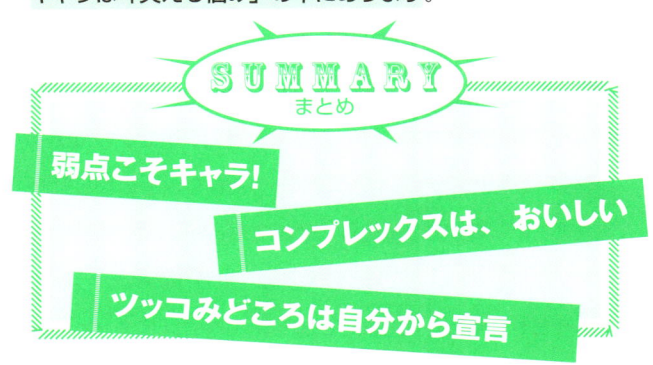

SUMMARY
まとめ

弱点こそキャラ!

コンプレックスは、おいしい

ツッコみどころは自分から宣言

27

『愚者戦略』

つらいけど、ちょっとだけガマン

　コミュ障の人って、「イジられるのは苦手」だと思います。よく分かります。でも、基本的に「イジられる」というのはラッキーなんです。私が、新人アナウンサーとして放送に数回出たばかりで、何をしゃべっても放送がうまくいかなかった、スベり倒していたことがあるわけですが、そのときに、そんな私を番組に呼んでくれたある先輩ディレクターが、「吉田くん、スベるんだってね！」と嬉しそうに声をかけてきてくれたことがありました。その時は、え！？ってめちゃくちゃショックだったのですが、「何を言ってもスベる」というのは、実は周囲からすると大変楽にしてくれる、ありがたい存在であった、ってことなんだ、と、あのときのワクワクしたディレクターの目にはそういう意味があったんだ、と後から気が付きました。実際に、その後の番組でも、私本人は何を言っても空回りしていたのですが、周囲は、「それがいいんだよー」というニヤニヤした目で見ていました。自分は「スベりキャ

ラ」だなんて思われたくて嫌だったんですが、それが、周囲のためになっていたんですよね。イジられて気持ちが沈んだとしても、深刻にならずに、表情にさえ出さなければ、それは使えるキャラクターへの入口です。

他人に無差別にやってはいけない。だから自分から言う必要がある

でも、コンプレックスや欠点というのは、言われて辛いのは間違いありません。だから無分別に他人に対して言うのは、基本的にルール違反です。特に身体や家族にまつわるコンプレックスを本人に断りなく周囲から指摘するのは最低です。ほとんどの心ある人は、そう思っています。ただ、だからこそ、自分の弱点については自分から言わなくちゃいけないんですよね。自分から言うのが難しいなら、弱点を指摘しておかしくないような仲のいい友人にそれを軽く言ってもらえると楽です。「こいつ、驚くぐらいチビでしょ」って言ってもらって、本気で怒っていないところを見せる。それができれば、周囲に気を遣わせなくなり、会話に「気まずさ」が訪れる確率は、ぐっと低くなります。

みずからタブーを破っていく強さ

私は学生時代に落語研究会に所属していたんですが、そこに全盲の先輩がいらっしゃいました。あるとき、ある部員が高座に上がって「ガリガリなんで着物似合わないんですよ」と言ったら、客席にいたその先輩が、誰よりも早く「似合うよ！」と声をかけた。すると、まわりの部員が「見えないだろ！」とツッコんだんです。ふだんから自分のコンプレックスを清々しいほどに笑いに変えるのを武器にしていて、場内は爆笑に包まれたんです。この先輩がこの境地に至るまでには、どんな気持ちの格闘があったのかはわかりません。でも、先輩がこう言ってくれることによって、周囲の人間はみんな自然に、イーブンに、先輩と接することができて、楽で、心地いい時間を共有することができていました。きっと、先輩本人も同じだったと思います。本当にすごい先輩です。

　はじめは我慢して周囲を楽しませるために言っていたことも、そのうち、自分が楽しむためにも言うことができるようになる。一足飛びにできることではないかもしれませんが、できたら、最強なんですよ。

　こと、会話というゲームにおいては、「欠点があったら、ラッキー！」なんです。

chapter 05

よくある**会話**で**困るパターン**小技集

28 相手の目を見られない

コミュ障の悩み

　この本を制作するのにあたり、ツイッターでコミュ障を自認する人たちからのお悩みをいろいろ頂戴しました。送っていただいた方、ありがとうございます。思わず、「あー！」と共感するようなお悩みが次々。きっと同じことに悩んでいる方はいっぱいいらっしゃるので、この章は、そのお悩みに答えていきたいと思います。実際の会話の流れに沿って、答えて行きたいと思います。まず、顔を合わせたところから。

目を見ずに、鼻を見てください

　お悩みのなかに「相手の目が見られない」という回答がありました。とても、よく分かります！　私も人と目を合わせ続けるのは得意ではありません。反対にしゃべるほう

の立場でも、相手にじっと目を見つめられているのは、熱心さも伝わる反面、プレッシャーも感じます。

　ここは、すごく具体的にお答えします。おすすめなのは、話し手の鼻、もしくは口を見ること。これ、ぜひ実際にやってみるといいと思います。「目を見られている、注意を向けられている」という印象だけあって、プレッシャーは感じさせませんし、見ている方も楽です。これ、逆に言うと、意外に人はこちらのことを見ていない、ってことなんですよね。コミュ障の方のお悩みは、「そんなに見ないで！」というものが多いです。そんなに、見られてないですよ。

正直に「苦手」を宣言しちゃうのもひとつの手

　でも、どうしても相手の目が直視できずうつむき加減になってしまう。ある女性作家さんとラジオでご一緒したときに、その方から、「目を合わせるのコワいんです！すみません！」と言われて、その方の目線は、しばらく全く上がりませんでした。そのとき、私は「ああ、押し付けがましくなくて繊細な人なんだな」と、安心しました。ここは、「目を見るのが苦手なんですが、敵意はありません」ということだけ、先方に伝えられればいいと思います。そこででき

れば一歩進んで「目を見て話せないんですけど、大丈夫ですか?」みたいに相手に質問してしまえると最高です。

　お互い座って話をするときには、真正面、相対するように座ると、目線がつねに正面からぶつかりあいます。もし、座る場所が選べるなら、相手の斜め向かいとか、四角い机の角を挟んで座る、90度の角度で向かい合うのがおすすめです。常に目線があっていなくても、不自然な感じは全く出ません。実は、ラジオスタジオの机は、ゆるやかな台形になっていることも多いんです。これだと、正面に座っても、わずかに角度がついて、正面からぶつからずに済みます。こういう設計を見ていると、昔から変わらず、コミュ障の人っていたんだなぁ、と思います。

SUMMARY
まとめ

会話中は相手の鼻や口を見る

正直に「目を合わせられません!」でもOK

29

「最近どう?」「何か面白い ことない?」と言われる

相手の真意は、「あなたと会話がしたいです」

　次は、相手と出会ったときに、質問をされた場合。答え やすくて具体的な質問ならいいんですが、「最近どう?」と いう質問、本当に、無配慮ですよね。質問論の第3章でも 書きましたが、質問は「答えやすい」のが一番です。これ、 自分側だったらこんな答えにくい質問しちゃいけない、と いうのは、分かると思います。だから、こんな雑なリクエ ストには真面目に応えなくてもいい、というふうに開き直っ ちゃってもいい、と思いますが、そこでそう思えるなら、コ ミュ障やってない、と思うんですよね。

　どうして先方がこんな質問をしたのかというと、「あなたと 会話がしたいです」という意志の現れですよね。だから、実は、 この質問に対しては、「何をしゃべってもいい」んです。それ が原則です。その他にも、「人から『面白い話をして』と言われ、

面白い話ってなんだろう？と考えてしまう」というのがありました。これも、面白い話をする必要、ないです。でも、せっかく話の水を向けてくれたんだから、「気まずさ」回避のために、どんなことができるかちょっと考えてみましょう。

雑な質問でもとりあえず答えを用意する

　まずはこの質問の場合、言いたいことがあれば、それを言ってしまえばいいです。進めている案件があって、ぜひカタログを見てもらいたい、サークルでやっている活動があったら、そのイベントの話をする、など宣伝めいたことを存分に言っていいわけです。これがごく普通の答えですね。

　そして、雑な質問、もしくは先方が混乱しちゃって、不思議な質問になっていた場合ですが、そのときは、受け取り側で噛み砕きましょう！　例えば、「最近どう？」という質問には非常に答えづらいですが、「最近、お父さんの調子はどう？」だったら、だいぶ答えやすいですよね？　質問の「最近の○○は？」の「○○」に、何か具体物をご自分で答えやすいように入れ込んじゃってください。例えば「最近買ったものは？」だったら、「音声コントロールできるスピーカーを買ったんですよー」とか。

会話に「オチ」なんてなくていい!

　配慮のない人からの残酷な質問の例でもうひとつ、「オチは?」というのもあります。でも、そもそも会話にオチなんて要らないんですよ。オチというのは、演芸場ができたときに初めてできた概念で、本来はテレビなども含めて持ち時間があった場合のみ発生するものなんです。それが、いつの間にか、「会話にはオチがあるもの」という意味にすり替わってしまったのかもしれません。持ち時間がなければありえないのに、なんだかおかしな話ですよね。オチなんかないんだから! って言っちゃっていいと思います。探究心のある方のために申し上げると、かなりパターン化されているので、先人の研究がいっぱいある分野でもあります。

SUMMARY
まとめ

- 質問は相手が答えやすい形に加工しよう
- 雑な質問でもとりあえず返す
- 会話にオチは別にいらない

30

緊張して言い間違える

言い間違いは、かわいい!

　知らない人と初めて会って会話する。コミュ障でなくても、多くの人が緊張するはずです。すると、舌が思うように回らないなんてことはもちろんあるし、相手の言葉に「早く答えなきゃ」と焦って、簡単な言い間違いをすることなど、経験のある方も多いかもしれません。そんなときは、「あーダメじゃん、オレ」と、どんどんネガティブになっていく方がいますが、私としては、羨ましいぐらいです。言い間違いって、コミュニケーション・ゲームにおいては、「ラッキー」と考えてしまっていいほどだと私は思います。

　たとえば、就職面接とかお客さんとの打ち合わせの場というシチュエーション。当然、敬語で話さなければならないのですが、緊張しすぎて、「〜でござる」と言ってしまったとしましょう。「あﾞー、やっちゃった!」と、一瞬、恥ず

かしさでいっぱいになるかもしれない。でも、それがきっかけで張りつめていた場の空気が、一気に和んでしまうことの方が、多いんじゃないでしょうか。緊張して言葉遣いを間違えてしまう人というのは、私にはむしろ可愛らしく見えます。マイナスどころじゃなく、プラスと捉えてしまってもかまわない。だから、あえて答えにするなら、「気にしなくて構わない」です。「よどみなく話さなくてはいけない」という考え方って「人からちゃんとした人に見られたい」、つまり「他人の自分に対する印象を操作したい」という意図が見え隠れするとも言えます。

急いで答える必要はない

　思わず言い間違いをしてしまっているときって、「早く返事しなくちゃ！」と思っているときじゃないですか？　でも、本当に、早く答える必要ってそんなにいつもあるでしょうか？　確かに妙な「間」は「気まずさ」を呼び込みやすいですが、急いで答えて、本心とは違う回答を口にしてしまうことの方が問題としては大きいです。

　これは私にも経験がありますが、言い間違えはいいんですけど、心にも無いことを言ってしまったときが、一番手に

負えません。例えば、本当は特に好きでも嫌いでもないものを、その場の流れや緊張のために、「嫌いですねー」とか言ってしまうこと。これは、絶対にやらないほうがいいです。もし、本心に無いことを口にしてしまった場合、その瞬間ならすぐ撤回できます。ただ発言の撤回は、時間がたつほどしづらくなるので、「いまの無し！」って言っちゃいけない、と思ってる人がいるかもしれませんが、そんなことはありません！ぜひ、なるべく早く言ってください！

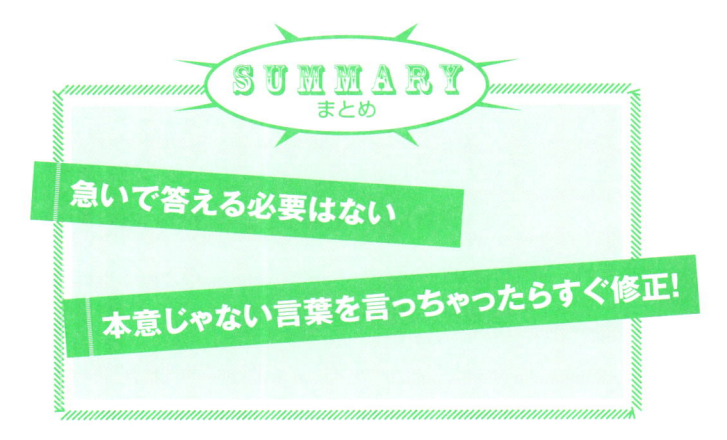

SUMMARY
まとめ

急いで答える必要はない

本意じゃない言葉を言っちゃったらすぐ修正！

31
相手の言ってることが理解できなかった

分からない事が出てきたら、質問チャンス!

　会話中、分からないことが出てくることがあると思います。焦りますよね。そのまま続けてもいいことはありません。そんなときは、ものすごーく勇気がいることだと思いますが、思い切って、途中でも止めちゃってください。

　分からないところって、質問できるところですよね。だから質問ベースの会話としては、とってもいいチャンス。しかも「ここを説明してください!」と聞くのは、相手の話に興味がありますって意思表示です。人って、自分に対して興味を持ってもらえるとうれしいですよね。きっと、どうにかしてあなたに分かってもらおうと一生懸命しゃべってくれるはずです。

聞き上手への入口

　「人に興味を持つ」のは「聞き上手」になるためのひとつ

の方法だと思います。話している相手に興味を持っていれば、基本的に会話のネタは尽きません。だから、わからないことをスルーするのはよくないんです。

　ただ、会話を止めるタイミングは見計らったほうがいいかもしれない。相手のトークの途中で、まったく見当がつかない言葉や内容があれば、その場で止めてもいいと思う。でも、一気にしゃべってもらってから聞いたほうがいいかな、と感じたときは「ここからここは分かりましたが、ここからここは分かりません」という聞き方をすれば、会話の相手も気持ちがいいと思います。

　あと、質問のいいところは、例えばある人の話を複数人で聞いていた場合、あなたの分からないところは、一緒にいる人も分からないことがとっても多いんです。あなたの勇気が、他の人を救っていることにも、なりますよ！

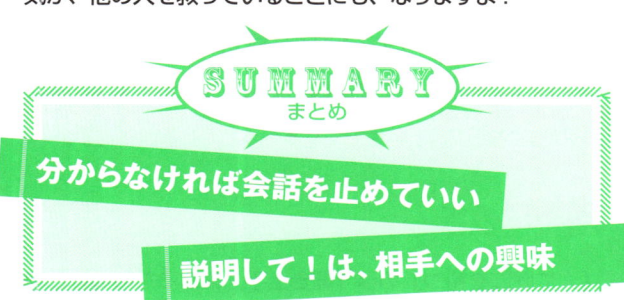

SUMMARY
まとめ

分からなければ会話を止めていい

説明して！は、相手への興味

32

相手との距離が
縮められない

友だちと敬語で会話したっておかしくない!

　「知り合って、だいぶ経つのだけど、いまだに敬語で話してしまう」というお悩みがありました。相手と親しくなったはずなのに、タメ口で話すきっかけがつかめない。たしかに、難しいですよね…!

　これに対する選択肢は三つあります。まず、**無理して距離を縮めなくてもいい**と思います。急にタメ口で話そうとすると、どうしても不自然な言葉遣いになってしまい、かえっておたがいの関係をギクシャクさせてしまうかもしれません。実際、**お互いずっと敬語でも仲良くなる人はたくさんいる**のでそのままで大丈夫。そもそも、敬語だと伝わらない事柄なんてあまりないような気がします。

　二つめはテクニカルな方法です。ある人と親密な感じを出したいのであれば、**相手にスキが見えた時**、いわゆる「ボ

ケ」たときは、敬語をやめるチャンスです。相手がつまらないダジャレを口にしたら、「おもしろくない！」と自分の感想として口にするとか。

とはいえ、おたがいの関係で長い間、敬語でしゃべりつづけてたらむしろ固定されるもの。そこから無理して抜け出す必要はないと思います。ただ、敬語じゃなくなった瞬間から仲が深まる気がするというのは、年の近い友人関係では、あると思います。そこで三つめ。「今からお互いタメ口ね！」と決めること。最初の気まずさを引き受けるつもりがあればありだと思います。

あえて悪口を言ってみる

あと、2章で言ったとおり、コミュニケーションゲームでのもっともいい関係は、「会話でプロレスができる関係」だと私は思っています。もし、あなたがこの人とは距離を縮めたい！と思った場合（コミュ障の人としては非常にレアな、いい傾向です！）きっと、あなたはその人が魅力的だと思っているから、距離を縮めたいんでしょう。そこです！　会話をゲームとして考えた場合、その人に魅力を感じているからと言って、むしろ、褒めてはダメ、です。あえて「悪口」

を言ってください。相手の、ほんとに些細な欠点に。きっと、本当はその人のことを素晴らしい、と思っているなら、その気持が基本にあれば、もし、多少口調や表現がきつくなっても、きっと仲良くなれます。例えば、「いつも面白いこと言ってるとは思ってますけど、無駄に声がでかい！」とか「美人だなー、とは思ってますけど、映画の趣味がめちゃくちゃ悪い！」とか。それぞれ、前半部分は言わずに、気持ちの中においておくだけでもいいです。きっと繊細なコミュ障のあなたなら、言っていい相手かどうか、敏感に察知できるはずです。ただ、尊敬のない相手に関しては、悪口は絶対にいい結果を生みませんから、厳禁ですよ。

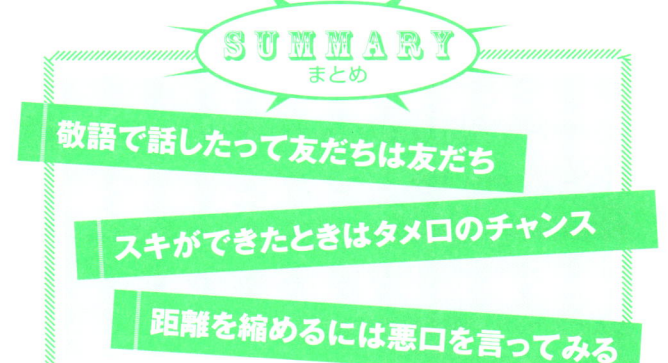

SUMMARY
まとめ

敬語で話したって友だちは友だち

スキができたときはタメ口のチャンス

距離を縮めるには悪口を言ってみる

33
会話が終わった後で後悔する

次のお悩みですが、「あのとき、こういう返しをしていれば良かった！と会話が終わった後に気づいてしまう」というものがありました。会話の「たられば」ですよね。これはいくら思い返しても後からどうすることもできませんから、シンプルに次に活かしてください。会話は、質問やエピソード、というカードを場に出していくゲーム。その人とまた会うことがあれば、次回、いい手札を持っておいたままプレイできます。

私も、番組に来てくれたゲストについて「あ、この人出身地同じだったんだ！」とか、いろいろなことを後になって思い出すことも少なくありませんが、すぐに「今度会ったときに、この話をしよう」と切り替えます。そんな考えでいると、次にその人と会うのが楽になりますよね？

すでにひとつ話題がある、つまり今度会うときにすぐ使え

るカードが手持ちにあるんです。「こんなことを聞こう」と思える人と会うのはつらくないですよね？　だから、二度と会えないという人ではない限り、「こう返せばよかった」と思うことを後悔する必要はないですよ！

聞けなかった質問は次に活かす

　また、このお悩みですが、「あのときこういう返しをしていれば良かったんじゃないか」と思っている時点で、会話が上手くなりたい！ という意志がある証拠です。「どの質問のカードを切ればいいのだろう」とか「相手がこう言ったときにこのカード使おう」とか「あのときはこっちが正解だったな」というのは、将棋の棋士が、一日中対局のことを考えているというのと一緒です。会話に具体的に後悔するということは、会話が上手くなって行っているってことです。

SUMMARY
まとめ

質問は会話の「切り札」

カードの選択は状況次第で変化する

繰り越したカードは次回に役立てよう

34

「頼っていいよ」と言われても、頼れない

「頼っていいよ」と言われたら

　次のお悩みです。「人から『頼っていいよ』と言われても、どこで頼っていいかわからない」というものなのですが、確かに人に頼み事するのが苦手な人というのは、「全部自分でやっちゃえばいい」と考えちゃうのかもしれません。

　大体において、頼っていいのにみんなあんまり頼っていないなぁ、と自分も含めて思います。素直に頼ってもいいんですよね、難しく考えずに。そこで頼らないのは、相手からのせっかくの好意を「無」にしてしまっていると言えなくもないですし。ここで必要なのは、意識改革。私は、二つ提案したいと思います。まず、「頼っていいよ」と言ってくれる人は、まちがいなく頼ってくれたら嬉しいはず、ということ。だから、胸に飛び込むつもりで、甘えてしまえばいいと思います。そしてもう一つが、無償で頼るのに抵抗があるのであれば、甘

えた後には、きちんと「ありがとう」とお礼を形で返す、と自分で基本的なマナーを最後まで遂行する、とはっきり決めればいいんだと思います。基本的なマナーですが、「してもらった分、返す！」という気持ちだけでも持っていれば、甘えられるんじゃないでしょうか。

　もう一歩推し進めると、自分で処理できないような事態が起きたら、「頼っていい?」とまわりに聞いてみられたら、もうコミュ障脱出、といえる状態じゃないでしょうか?　コミュニケーションゲーム、として考えると、「頼みたい」のは、人に話しかける会話の種があるということです。だからまずは「こういう仕事を頼みたいんだけど、どう思う?」と、疑問形で提案すると、コミュ障の人が一番やりたくないであろう、相手に無理強いをする、ってことをせずに済みます。

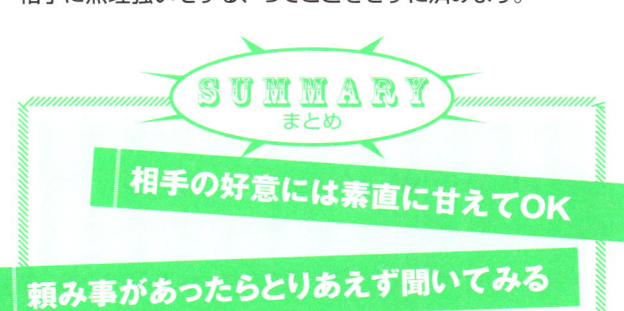

SUMMARY
まとめ

相手の好意には素直に甘えてOK

頼み事があったらとりあえず聞いてみる

35

好意を向けられても信じられない

好意が発生したら、それだけで「勝ち」

　「人から好意を向けられても、気のせいだと思い込んでしまう」というお悩みをいただきました。会話をして、参加者がいい気持ちで過ごせた場合、その参加者が好かれることは、もちろんありえます。思いがけず向こうからやってきた「好意の発生」という最高の状態に対して、それを気のせいだと思うなんて、もったいない！

　好意が発生したら、もうそれだけでコミュニケーションゲームの目的は達成したようなものです。自分が持っても相手に持たれてもどっちにしても得しかありません。どんどん受け入れましょう。むしろ勘違いだった時に恐ろしいみたいなことを思うかもしれませんが、好意を持たれてるのにそうじゃないって思ってしまう勘違いの方がもったいないです。大抵の人は、好きな人と嫌いな人の数を比べたら、きっと好き

な人のほうが多いですよね。ということは、「人を好きになる」とか「人から好かれる」という賭けは、どんなに低く見積もっても、五割以上、勝ったも同然！と考えてしまっていいと思います！ …でも、こう説得したとしても、ご相談してくれた人が本当に気になっているのは、そういうことじゃないんですよね。

「自信がない」ではなく「好意を向け返す」

　このお悩みを寄せてくれた方のお気持ちを別の言葉で言うなら、「自信がない」ってことじゃないでしょうか。自分なんかが好かれる資格がない、みたいな感じ。コミュ障を自認する方全員、過去の私とかもそうですが、理由がなければ人は好かれない、と一瞬誤解していそうですが、本当は分かっていると思います。人は、根拠のあるなしで、その人のことを好きとか嫌いとか、決めたりしない。だから、あなたに自信があるかどうかと、誰かが好きでいてくれることは、まったく関係がない。だから、人から好かれてるな、と思ったら、そこで「なぜ自分なんか」って自問する意味は、全くないです。

　でも「自信を持て」と命令形で言われても、自信は命令されて持てるものじゃない。だから、ここで決めておくべきことは、単純です。好意を向けられたら、好意を向け返すべ

きです。「好き」って思ってくれる人のことを「好き」って思うことって、自然ですよね？

好意を増やすために会話

　もしかしたら、心のどこかで「自分なんかから好意を持たれたら、迷惑かもしれない」なんて考えているのかもしれません。ただ、あなたは好意を向けてくれる人のことを、嫌いでいられますか？　会話は、とくに和やかさを旨とする会話は、すればするほど好意がこの世に増えていくと思っています。そして、好意はあればあったほどいい。相手が好いてくれることを期待して会話をするのはなにか浅ましい感じがしますけど、会話ゲームの相手をしてくれた人を、自分の方が好きなっちゃうのは、いいことです。この世に好きな人を増やすために、会話をしませんか？

SUMMARY
まとめ

「好意」は抱いたら勝ち

好意を向けられたら素直に受け入れよう

嫌いな人にだって好かれたほうがいい

会話に必要なのは勇気

chapter **06**

36 へこまない勇気

コミュニケーションのための前提条件

この本では精神論の話はしない、と冒頭から言っています
が、最後に「勇気」の話だけはします。コミュニケーション
について言われている「自信を持て！」とか「誰とでも仲良く」
みたいな教訓を一つ一つ検討していって、最後に、どうして
も最低限ここだけは、乗り越えざるを得ないな、ということ
が二つだけありました。限りなくギリギリのところまで、考え
尽くしたつもりです。事前に、どんな気持ちが必要か分かっ
ていれば、いざ、その段階になっても、なんとかなりますよ
ね。その二つとは、一つは「へこまない勇気」。もう一つは「会
話する勇気」です。

「ひどいことを言われても、へこまない」

引退したサッカー選手が、「サッカーとはどういうスポーツ

ですか」と聞かれて、「痛いスポーツです」と答えていました。サッカーというゲームには、ボディコンタクトがつきもの。身体がぶつかれば、痛いわけです。コミュニケーションというゲームにも、起きないに越したことはないんですけど、プレー中に、ボディコンタクトのようなものが、必ずあります。

コミュニケーションにおけるボディコンタクトとは、いわゆる「傷つく」ことです。

人と話をしていれば、え、そんなこと言われると思わなかった、ということに出会います。自分が大切に思っているもののことを、悪く言われて、カッとなったり悲しくなったりしますし、悪く言わないまでも無関心である、というところを見せられても、じんわりとつらさを感じます。また、自分自身について何か言われたら、それこそ、一番傷つきますよね。

私も、あるアイドルに「ゴボウ」と言われたときには、一瞬、「あ」と思わざるを得ませんでした。自分が好意を持っている相手から言われる悪口かもしれない言葉は、より強く響きます。どうしても、自分がかわいい気持ちってありますから、その瞬間には一瞬、ズキッとしました。しかし、そのときに自分の内面より、一瞬回りを見回してみると、周囲の人はみんな、決して蔑むような様子ではなく、笑っていたり、楽し

そうな雰囲気だったんです。

　そこです！ ここで、落ち込んだ表情を見せなければ、まずは周りの人が楽でいられます。そしてそこで笑ってもらえれば、今度は、自分が楽になれるんです。これこそが、コミュニケーションの価値です。もし、言われた瞬間に、落ち込んだところを人に見せてしまっていたら、このコミュニケーションの価値には触れることができなかったでしょう。サッカーも、ボディコンタクトを恐れていたら、サッカーの面白さの真髄には、触れることができないと思います。そして、一度コミュニケーションの価値に触れることができると、そのボディコンタクトのような気持ちのショックはあくまで副産物、取るに足らないことだ、とはっきりわかるようになります。

　でもその真髄を味あわないのに、その境地に至れ、と言われても、それは無理ですよね。それを織り込んだ上で、あえて言葉にすると、「ひどいことを言われても、へこまない」。これが、どうしても乗り越えなければいけないことの一つなんです。くり返しになりますけど、初めは、しっかりと勇気を持っていないといけないですが、一度味わってしまうと、根性を出して頑張ったりしなくても、自然に気にならないようになりますよ。だから「へこまない勇気」がコミュニケーショ

ンには必要なんです。

相手の気持ちや感情を、自分で勝手に解釈しない

あと、本当は起きていないボディコンタクトを、自分で勝手に発生させてしまわないほうが、いいです。どういうことかというと、自分や自分の大切に思っていることに対して何かを言われると、どうしても過剰に反応してしまいがちです。でも、相手が多少ひどいことを言ったとしても、そこにはそれほど悪い意図は無いのがふつうです。そこを、過剰に判断して、ああ、ネガティブなことを言われた！ と過大に受け取らないほうが、いいんです。ほとんどの場合、ネガティブな判断は誤解です。

それに、必死で会話を続けようとしていれば、実はそのネガディブさに気をとられることはなく、相手の話を聞き漏らさないように、どう受け止めようか、ということしか考えられないはずで、会話の最中は、それで十分です。ネガティブなことは、積極的に忘れていったほうがいいんです。

「ネガティブ」に対する鈍感力

その他にも、なんだか相手の会話におけるリアクションが、

芳しくないことがあるかと思います。その反応をみて、「あ、この人は私のことを嫌いなのかな」と感じることが、あるかもしれません。私自身も、「自分の話がつまらないかもしれない」「人を傷つけていたらイヤだな」「変なことしゃべっていると思われるかも」とか、そういう気持ちを常に抱えている、って言ってもいいかもしれません。そういうときに、思わず「私の事、嫌いですか?」なんてわざわざ聞いてしまったり、なんてことまで、かつて私はやってしまったことがありました。この質問って、「いや、そんなことないですよ」という気まずい返事か、もしくは、もう決定的に関係が断絶することを覚悟の上の相手から「ええ、嫌いです」っていう答えを引き出しちゃう質問なんですよね。

　相手が、なんとなく自分のことを嫌いかもしれない、と思っても、その見込が 100% 当たっていることはありえません。そして、むしろ「嫌い」とはっきり言葉にするまでは、「んー、ちょっとどうなんだろう」という猶予期間だったりします。その猶予期間の間は、「あ、この人、嫌な感じじゃないじゃない!」と、先方の評価が変わる可能性は、十分にある。

　はっきり「嫌い」って言われるまでは、むしろ分からないふり、相手がこちらに対してネガティブな感情なんか持って

ない、と思い込む力、鈍感力があった方が、会話というゲームを続行するためには、重要です。「自分が嫌われることなんてありえない！」という子どもみたいな天真爛漫な人は、一緒にいる人を、楽にしてくれますよね。心底そういう人になるのは無理だとしても、そういう人かのようにふるまって、会話にネガティブな自分の気持を持ち込まない人は、きっと、好かれると思います。

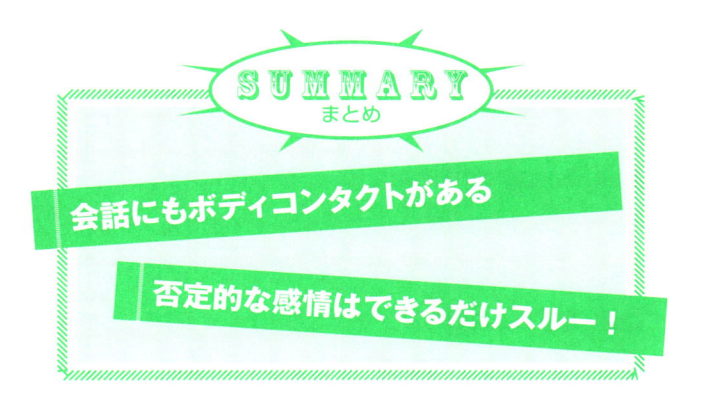

SUMMARY
まとめ

会話にもボディコンタクトがある

否定的な感情はできるだけスルー！

コミュニケーションし続ける勇気

話しかける勇気

再三言っていますが、知らない人と初めて会うときなど、どこかプレッシャーや恐怖を感じます。でもそのプレッシャーや恐怖に、とくに理由がないことも、分かっていただけたと思います。では、そこからコミュニケーションをスタートするのに必要なのは、たったひとつ、「会話をする勇気」です。

これから授業が始まる、という教室に早めに来てしまったところ、自分より先にだれか一人だけぽつんと教室にいたとします。広くはない部屋で、会話をしないのはちょっと不自然さを感じる。今までのあなただったら、ヘッドホンをつけて会話をしないでやり過ごそうとしていたかもしれません。そうしたら特に何も起きないでしょう。でもできるなら、そこでその人に話しかける、質問を投げかけてみたら、どうなるでしょうか？　もしかしたら、何か起きるかもしれません。

ひたすら会話を続けること

　勇気を持って話しかけることができたら、あとは、この本に書いてあることや、あなた自身の経験を総動員して、会話を続けてみてください。もしかしたら、相手も話し相手を求めていて、「話しかけてくれないかな、と思ってたんです」と言われたら、もう問題ない。でも、相手の反応が芳（かんば）しくなくて、いろいろ気になってしまうかもしれません。そこで、「へこまない勇気」です。会話中にあれこれと頭をよぎって、へこみそうな感情が湧き起こってきたときは、とりあえず無視! ひたすら会話を続けましょう。

　ある漫画家さんが描いていたことですが、どんなにつまらなくても、マンガのお話を作る下書き、ネームを作る作業を続けるコツが、たった一つだけあるそうです。それは、ひたすら、手を動かし続けること。そうすると、感傷的で有機的なエピソードが湧いてきて、全物語世界を引っ張り出してきてしまうことがある、と。その漫画家さんは、そのときはけっこう快感ですよ、とおっしゃっていました。同じように、初めぎこちなかったとしても、会話を繰り広げているうちに、その人と大切なことを共有できる瞬間がある。数分前まで全く知らなかった人が、こんなに分かり合える人はいない!と思う瞬間が来ることがある

んです。必ずしもそういうことがある、とは保証できませんけど、話しかけなければ、100%、そういう奇跡は、起きませんからね。

コミュニケーションは、ゲームですから

　ただ「話しかける勇気を持つ」と突きつけられると、ちょっと決断が重いかもしれません。そこで、この本で繰り返し言ってきたことを思い出してください。コミュニケーションはゲームなんです。制限時間がはっきり分かっているんですから、そこまで頑張るつもりで、会話を始めて、そして最後までやりきってみては、いかがでしょうか。コミュニケーションをゲーム、と考えてもらったのは、まさに、「会話を続けるんだぞ」と気軽に思ってもらうためでも、あるんですから。

SUMMARY
まとめ

- ゲームと思ってスタートボタンを押してみる
- 少しだけ会話する勇気を持つ
- 相手の気持ちは相手にしかわからない

38 コミュニケーションの目的は、コミュニケーション

コミュニケーションの目的は、コミュニケーション

そして、勇気を出して、技術を尽くして、引き換えに得られるのは、新しい知人だったり、友達だったり、人によっては恋人だったり、という広い世界。あなたにとって大切な人が今いるとすれば、たとえ親子であったとしても、もともとは全員、知らない人だったはずです。コミュニケーションの先には、宝物と呼べるような関係を持てる人が、出てくるかもしれません。

そういったことは、本当に、すばらしいことです。それに、その大切な人たちと、コミュニケーションをさらに重ねてゆくことができます。ゲームのように会話を繰り広げていると、「こんなに面白い人がいたんだ！」とか「そんな人に好かれる事があるだなんて！」という喜ばしい瞬間が訪れることがあります。その素晴らしい瞬間は、会話、コミュニケーションしてい

るときにだけ、訪れる可能性が、あるんです。もうお分かりかもしれませんが、コミュニケーションの目的は、コミュニケーション、そのものなんです。

コミュ障の私

　私自身は、何を隠そうはっきりいってコミュ障です。ただ、20年、人と会話することを仕事にしていて、まわりの人からはそう思われなくなるまでにはなったかもしれません。勇気、という話をしましたが、私が勇気を出せたのは、もうひとえに、仕事だったからです。

　でも、社会人として二十年かけて、人と会うことに綺麗さっぱり緊張しなくなった、和やかな会話をすることにドキドキしなくなった、つまり、コミュ障でなくなったか、というと、全くそんなことはありません。いまでも、そういう気持ちを抱えたまま、「コミュ障のままだけど、コミュニケーションの実りを手に入れる」方法が、なんとか分かって、ようやく言葉で説明できるようになったんです。この本は、ごくごく普通の、何気ないやりとりこそ一番難しいと日頃から思っている人に、ちょっとでも私の経験が役に立つことがあるかもしれない、と思って書かせていただきました。

　価値のわからないものが手に入らなくても、コンプレックスに感じることは無いでしょう。コミュ障、と自分のことを思うのは、むしろコミュニケーションの価値を分かっているから、ですからね。思い返してみると、コミュ障であることは、むしろ武器になり得るな、と思います。コミュ障にしか、コミュ障の気持ちはわからない。繊細な人ともコミュニケーションが取れる分、初めから何のコンプレックスもなく、人と会話できた人よりも、もしかしたら広い可能性を持つことができたのかもしれません。コミュニケーションが得意じゃなかった人が、コミュニケーションに対して勇気を持って臨む、と決めたら、それはアドバンテージになると思います。

　この本を読んでくれた人の、コミュニケーションに対する勇気が出て、「会話が趣味」ぐらいに思ってくれる人が増えたらいいなぁ、と切に思っています。

　長くお付合いいただいて、ありがとうございました。会話でこそありませんけど、この本もあなたにとって素敵なコミュニケーションの瞬間であったら、それに勝る喜びは、ありません。また、どこかで。

著者紹介　吉田 尚記（よしだ・ひさのり）

1975年東京生まれ。ニッポン放送アナウンサー。2012年第49回ギャラクシー賞DJパーソナリティ賞。「マンガ大賞」発起人。株式会社トーンコネクト代表。慶應義塾大学文学部卒業。
ラジオ『ミュ～コミ＋プラス』＜月～木曜日／24:00～24:53＞（ニッポン放送）、TV『エージェントHaZAP』（BSフジ）等多数の番組パーソナリティを務め、さらにイベントのMCやDJなど多岐にわたり活動。マンガ、アイドル、デジタル関連に精通し、常に情報を発信し続けている。著書『ツイッターってラジオだ』（講談社）、『なぜ、この人と話をすると楽になるのか』（太田出版）、『コミュ障は治らなくても大丈夫 コミックエッセイでわかるマイナスからの会話力』、『どうすれば幸せになれるか科学的に考えてみた』（KADOKAWA／メディアファクトリー）など。Twitterアカウント @yoshidahisanori

s t a f f

編集・デザイン／フェルマータ　カバーイラスト／わたらいももすけ　編集協力／岡田 久

コミュ障で損しない方法38

2018年1月10日　第1刷発行

著　者　吉田尚記（よしだ ひさのり）
発行者　中村　誠
印刷所　図書印刷株式会社
製本所　図書印刷株式会社
発行所　株式会社日本文芸社
　　　　〒101-8407　東京都千代田区神田神保町1-7
　　　　TEL 03-3294-8931（営業）、03-3294-8920（編集）

©Hisanori Yoshida 2017
Printed in Japan　112171215-112171215Ⓝ01
ISBN978-4-537-26179-0
URL http://www.nihonbungeisha.co.jp/

編集担当：上原

乱丁・落丁などの不良品がありましたら、小社製作部宛にお送りください。
送料小社負担にておとりかえいたします。
法律で認められた場合を除いて、本書からの複写・転載（電子化含む）は禁じられています。
また、代行業者等の第三者による電子データ化および電子書籍化は、いかなる場合も認められていません。